Manfred Birrer

Licht und Schatten eines Menschenfreundes

Manfred Birrer

Licht und Schatten eines Menschenfreundes

2 Auflage

Fromm Verlag

Imprint
Any brand names and product names mentioned in this book are subject to trademark, brand or patent protection and are trademarks or registered trademarks of their respective holders. The use of brand names, product names, common names, trade names, product descriptions etc. even without a particular marking in this work is in no way to be construed to mean that such names may be regarded as unrestricted in respect of trademark and brand protection legislation and could thus be used by anyone.

Cover image: www.ingimage.com

Publisher:
Fromm Verlag
is a trademark of
Dodo Books Indian Ocean Ltd. and OmniScriptum S.R.L publishing group

120 High Road, East Finchley, London, N2 9ED, United Kingdom
Str. Armeneasca 28/1, office 1, Chisinau MD-2012, Republic of Moldova, Europe
Managing Directors: Ieva Konstantinova, Victoria Ursu
info@omniscriptum.com

Printed at: see last page
ISBN: 978-620-8-86547-4

UNSERE FAMILIE

Eltern

*Mein **Vater**, Josef Anton Birrer, 1885-1950, war ein Bauernsohn vom Hof Schwarzwald, Willisau. Er ist mit 2 Brüdern und 6 Schwestern im Obergrüt, Ruswil, aufgewachsen. Alle, außer die jüngste Tochter, wurden in der Pfarrei Ruswil getauft.*
*Auch die **Mutter**, Karolina Birrer-Stadelmann, 1891-1987, war eine Bauerntochter vom Ebnet, Entlebuch. Sie hatte drei Brüder und eine Schwester. Großeltern kannte ich keine. Sie sind jung gestorben. Ich selber bin vaterseits und mutterseits der Zweitjüngste meiner ganzen Generation.*

Geschwister

+ Josef Birrer-Aregger, 1924 - 24.6.16, Kapuzinerweg 12, 6004 Luzern
Marie (Sr. Regina) Birrer, 1926, Spitalschwestern, 4500 Solothurn
+ Hugo Birrer-Schnider, 1927-1987, Eichfels, 6017 Ruswil
Hedy Blöchlinger-Birrer, 1928, Poststraße 43, 8580 Amriswil
Margrith Scherer-Birrer,1929, Kirchweg 28a, 5415 Nussbaumen
+ Hans Birrer, 1929, Zwillingsbruder von Margrith, + 1929
Josy Bisang-Birrer, 1930, Gishalde, 6217 Kottwil
*Ich, Johann Alfred (Hans) bin am **18.02.1933** in **6144 Zell** LU geboren und am 19.2.33 in der Pfarrkirche getauft worden. Weil Hans, der Zwillingsbruder meiner Schwester Margrith, im Säuglingsalter von 5 Wochen gestorben ist, wollten meine Eltern einen zweiten Hans - eben mich.*

Lebenslauf – Übersicht

***Zell LU**: 18.2.33 – 24.2.37*

***Ruswil LU**: 24.2.37 – 27.9.49: Primar- und Sekundarschule*

***Stans: Kollegium.** 1949-56 – Flab RS – 1953 – Matura – 1956*

***Luzern: Wesemlin:** Kap.-Noviziat: 11.9.56. - 12.9.57*

***Stans:** Kap.-Kl. – Phil. und Theologie.: 12.9.57 – 11.9.58*

***Solothurn:** Kap.-Kloster – Theologie: 11.9.58 – 3.9.62*

***Olten:** Kap.-Kl.: Pastoralpraktikum – Vikar in Trimbach: 62/63*

***Kilkenny, Irl**: Kap.-Nov.Kl.: Engl.-Stud.: Okt.-Dez.1963*

***Igota, Tanzania**: 1.3. – 1.6.1964*

***Sali, Mahenge:** 1.6.-31.8.64*

***Ishozi** (sprich „Ischòsi"), **Bukoba:** 10.9.64-14.8.67*

***Kyegoròmora, Kagondo, Bukoba:** 14.8.67-15.1.68*

***Gaba, Kampala, Uganda:** Studium: 25.1.-12.12.68*

***Israel und Sursee:** 1. Heimaturlaub: 16.12.68-20.6.69*

***Lungern – St. Josef:** 15.2. – 12.3.1969*

***Kyegoròmora, Kagondo:** 1.7. - 15.12.69*

***Kasita, Mahenge:** 20.12.69 - 8.11.71*

***Ifinga:** 12.11.71 - 3.8.74*

***Heimaturlaub:** Aug. - Dez. 74*

***Taweta, Mahenge:** 6.1. - 12.4.75*

***Sali, Mahenge:** 14.4.75 - 14.6.91*

***Mbagala, Dar es Salaam:** 15.6.91 - 1.4.2003*

***Lugano und Locarno, Madonna del Sasso:** 15.4 - 28.06.03*

***Andermatt:** August 2003 und August 2004 - Ferienvertretung von Br. Marcel Camenzind*

***Olten, Missions-Prokura:** 8.9.03 - 1.9.05*

***Salzburg:** Im Novitiatskloster der ADK - 1.9.05 - 5.9.10*

***Wil SG - Kapuzinerkloster:** 5.9.10 - ??*

Kinder- und Jugendzeit: ***Zell und Ruswil***

Ich erinnere mich noch an einige Episoden meiner Kleinkinderzeit in Zell: Unser Nachbar, Baptist Wechsler, „Badi" genannt, war nicht kinderfreundlich. Wir erlebten immer wieder seine lauten Zornausbrüche. An einem warmen Frühlingstag im Jahr 1936 spielte ich mit meinen Geschwistern in einer Sandgrube auf dem Grundstück von Badi. Plötzlich erschreckte uns von der Scheune her sein Gebrüll. Mit einer Geißel rannte er fluchend auf uns zu. Wir sollen verschwinden! Wir sollen sein Gras nicht zertreten! So schnell wie möglich machten wir uns aus dem Staub. Als Knirps von drei Jahren konnte ich mit meinen größeren Geschwistern natürlich nicht Schritt halten. Badi stürmte wütend hinter mir her! Ich stolperte und stürzte ins Gras und schrie in Todesangst. – Zum Glück ließ es Badi beim fluchenden Gebrüll bewenden - ohne die Geißel zu gebrauchen! Aber dieses Trauma hat mich jahrelang verfolgt!

Eine andere, harmlosere Episode hat mir einen Denkzettel fürs ganze Leben gegeben: Als wir eines Tages Ziegerkrapfen bekamen, hörte ich Alois, den Sohn der Mieterfamilie Roth, die Treppe herunter rumpeln. Sofort rannte ich mit meinem Leckerbissen in den Hausgang, um ihm stolz mein duftendes „Wunderstück" zu präsentieren: „Schau da! Mmh! Fein!" Da griff er frech danach und schnappte es von meinem Teller weg! ... Und ich eilte heulend mit dem leeren Teller in die Küche zurück! – Die Lehr`aus der Geschicht`: „Reize gierige Löwen nicht!"

Unser Vater betrieb von 1922–37 in Zell eine Sägerei. 1930 baute er am Dorfausgang, ein Zwei-Familienhaus, und „taufte" es Abendruh.

Als geborener Landwirt hielt er Jahre lang Ausschau nach einem eigenen Bauernhof, bis er endlich 1936 in Ruswil LU die große Liegenschaft **Unterhonig** *kaufen konnte. Der 24. Februar 1937 war unser „Zügeltag". Ich war vierjährig. Als wir alle schon reisefertig im Auto saßen, rief ich: „Halt, halt! Meine Weste!" Ich hatte sie am Gartenzaun vergessen und konnte sie noch schnell holen. Dann fuhren wir singend los nach Ruswil. Der Vater saß am Steuer unseres <Studenbecker>, den er als Pfand für unbeglichene Holzlieferungen von einer Baufirma bekommen hatte.*

Wau! Sagten staunend die Nachbarskinder in Ruswil, und bewunderten unser tolles Fahrzeug! – Ein solcher Luxuswagen nützte uns jedoch nichts auf dem Hof. Er wurde so bald wie möglich verkauft. Wir hätten uns geschämt, damit aufzutrumpfen. Denn weit und breit hatte damals kein einziger Landwirt ein Auto.

*Im <**Honig**> gab es nicht nur Honig zu lecken. Alle Gebäude, Land und Obstgärten waren in miesem Zustand. Hingegen gehörte viel ertragreicher Wald dazu. Das war eine hochwertige Reserve und bot das nötige Holz für die dringenden Neubauten.*

Als leidenschaftlicher Bauer hat der Vater sofort alle Kräfte eingesetzt, um den vernachlässigten Betrieb auf die Höhe zu bringen. Alles war in einem desolaten Zustand. Steile Hänge waren sehr mühsam zu bearbeiten. Die Felder mager, wenig ertragreich, teils versumpft und mussten dringend saniert werden. Aber wir alle waren arbeitswillig und griffen kräftig zu. 1938 wurde die Scheune abgerissen und für 30-35 Stück Vieh und drei Pferde neu gebaut. Auch das Wohnhaus war baufällig, musste aber noch ein paar Jahre auf einen Neubau warten. Hingegen entstand im gleichen Jahr eine große Schweinescheune. Als erfahrener „Holzwurm" wusste unser Vater, fachmännisch, das Holz zu bearbeiten und konnte so bei der Bauarbeit viel Eigenleistung einbringen. Das Land wurde melioriert, entsumpft und die Erträge erhöht. Dann kamen die strengen Kriegsjahre: die Anbauflächen mussten erweitert werden. Wir erinnern uns an das Plansoll und die Anbauschlacht, vom weisen Bundesrat Friedrich Wahlen erfolgreich durchgekämpft. Gute, tüchtige Angestellte für Stall, Feld und Wald waren kaum zu finden; sie waren im Militärdienst. Auch die Pferde wurden eingezogen. Das bedeutete sehr harte Arbeit für alle, fast Tag und Nacht!

Trotzdem erlebte ich glückliche Kinderjahre bei allerlei geselligen Spielen mit den Geschwistern und Nachbarskindern. Es gab viele Entdeckungserlebnisse und Abenteuer in Wald und Feld, Bade- und Fischersfreuden in unserem Bach. Im Winter genossen wir unvergessliche Schlittschuh- und Rodelrennen. Freilich blieben uns auch böse Erlebnisse nicht erspart. Einmal wollten wir an einem kalten Wintersonntag auf dem zugefrorenen Deckenhonig-Bach eine verwegene Rodelfahrt unternehmen. Zu dritt plumpsten wir mit dem Schlitten ins eisige Wasser.

Im Sommer mussten wir immer wieder die giftigen Tücken der aggressiven Wespen erfahren. Einst spielten wir im „Loch" drunten am Waldrand

„Versteckis". Da gerieten wir plötzlich in ein Wespenrevier und wurden arg verstochen. Meine Schwester war ganz sehr allergisch auf Wespenstiche. Ihr Gesicht war tagelang schrecklich geschwollen und entstellt. – Ein anderes Mal haben mich die frechen Viecher beim Mähen ganz gehörig erwischt. Die Pferde traten in ein Wespennest und ich bekam hinter der Maschine den ganzen „Spaß" beim Wegschieben des geschnittenen Grases peinvoll zu spüren. Ich wälzte mich schreiend vor Schmerz den Abhang hinunter. Etwa zwanzig „Biester" haben ihren Giftangel in mein armes Fleisch gesenkt. Aber zum Glück war ich mehr oder weniger immun gegen Wespenstiche. Darum habe ich keinen folgenschweren Schaden davon getragen. Gefährlicher aber war mein gieriger Biss in einen süßen Klaraapfel, in dem eine Wespe nagte. Sie wollte sich nicht wehrlos verschlingen lassen und erlangte durch ihre Gegenwehr die Freiheit. Ich konnte sie schnell ausspucken aber sie hatte schon meine Zunge vergiftet. Jener Stich brachte mich wegen drohender Erstickungsgefahr in Angst und Schrecken, aber alles <glimpflich> verlaufen.

Sinn für Symmetrie

Offensichtlich zeigte ich schon früh einen auffälligen Sinn für Symmetrie und Harmonie. Kaum 5-jährig nahm mich meine Mutter in den Wald, zu den Heidelbeerplätzchen. Auf dem Weg machte sie mich auf eine riesige Fichte aufmerksam. Sie dachte an den hohen Betrag, den sie beim Verkauf einbringen wird und fragte mich: „Hansi, Gefällt dir diese schöne Tanne?" – Ich schaute sie an, starrte in die Höhe und antwortete: „Nein, die gefällt mir gar nicht; sie hat ja auf einer Seite viel weniger Äste, das ist doch nicht schön!" Immer störte es mich, wenn etwas ungeordnet herumlag, wenn ein Heuwagen schief geladen war, wenn ein Baum nicht in der Reihe stand, ein Bild schräg an der Wand hing, oder wenn der Tisch nicht gefällig gedeckt war. Der Christbaum musste genau in die Ecke passen, kein Ästchen durfte zu weit hinausragen, jedes Kerzchen musste aufrecht stehen. Beim Rosenkranz- oder Tischgebet störten mich Misstöne oder andere Nebengeräusche. Ich ärgerte mich über näselnde, unnatürliche, verzerrte Betonungen im Gebet oder in der Predigt. Wenn sich andere stritten und schlugen, habe ich geweint. Ich war auch immer pünktlich! Dieser ausgesprochene Hang zur Harmonie zeigte sich auch im Umgang mit den Menschen. Wenn immer möglich, mied ich Gezänk und Auseinandersetzungen vor allem mit eigenwilligen und sturen Streithälsen. Ich suchte gerne den Weg des Kompromisses und der Versöhnung.

Unglücksjahr 1941 und Kriegsjahre

***1941** war für uns ein trauriges **Jahr:** Zwei Hagelwetter - im Mai und Juli - ruinierten die Wiesen, Äcker und Obstgärten. Es gab fast kein Futter, kein Getreide, kein Obst, fast keine Kartoffeln. Erdrutsche, Kies und Geröll überdeckten die Wiesen und zerrissen Feldwege und Brücken. Wochenlang musste alles mühsam geräumt und ausgebessert werden. Damals hatten wir noch keine Versicherungen. Es gab keinen Schadenersatz. Immerhin halfen uns zwei polnische Internierte ein paar Wochen lang bei den mühsamen Aufräumarbeiten.*
Nebst Hagelschäden hatten wir 1941 auch im Stall viel Unglück. Der Vater hatte eine teure Kuh mit bester Abstammung und hoher Milchleistung gekauft, aber schon nach 2 Wochen musste sie wegen einem Gewächs im Rückenmark notgeschlachtet werden. Einige Tage später verloren wir wegen Futtervergiftung eine andere trächtige Milchkuh; das Fleisch war unbrauchbar. Im selben Monat starb ein älteres Pferd. Ein paar Wochen später verloren wir nach einem Unfall ein prächtiges einjähriges Fohlen. Noch im gleichen Sommer verendete ein Mutterschwein. Es hatte 16 Ferkel geworfen und musste wegen Gebärmuttervorfall geschlachtet werden; alle Ferkel gingen drauf.

Gottvertrauen

*Unsere Eltern hatten ein unerschütterliches Gottvertrauen. **<Im Namen Gottes!>** habe ich sie oft sprechen gehört. Der Vater munterte die Pferde bei harter Arbeit mit <hüh i Gott`s Name!> auf. Das gelebte Glaubenszeugnis meiner Eltern hat mich durch mein ganzes Leben begleitet und mich in schwierigen Situationen aufgerichtet. Ein Wort meines Vaters habe ich nie mehr vergessen: Als wir alle nach jenem 2. Unwetter (1941) weinend vor dem Haus standen und die großen Hagelhaufen und die kahlen Bäume ansehen mussten, sagte der Vater in aller Ruhe: „Fangen wir in Gottes Namen wieder an!“*

Für uns war der Sonntag wirklich heilig. Die Arbeiten in Haus und Stall wurden so eingeteilt, dass alle Hausgenossen einen Gottesdienst besuchen konnten. Jegliche Feldarbeiten, selbst bei bestem Heu- und Erntewetter oder bei drohendem Gewitter mussten ruhen!

Ich erinnere mich gerne an die Spaziergänge mit dem Vater durch Felder und Wald. Am Sonntag nach dem Essen unternahm er gerne mit der Familie oder mit mir allein einen Rundgang. In großer Freude und Gelassenheit machte er uns aufmerksam auf das erfreuliche Gedeihen der Feldfrüchte, auf das Gelingen oder Misslingen der verschiedenen Getreide- und Kartoffelsorten, und erklärte seine Pläne für die kommende Woche. Am Rand eines Saatfeldes pflegte er ein Kreuz - das bis zur Ernte sichtbar blieb - einzusäen. Immer wieder leuchtete sein Gottvertrauen durch, wenn er sagte: „An Gottes Segen ist alles gelegen."

Der Vater konnte gut singen und freute sich, mit uns Kindern am Sonntagabend Volkslieder zu singen. Er gönnte uns nach getaner Arbeit ein fröhliches Fest, wie die „Heueten" und die „Sichelten". Die Mutter trug Berge von süßen Backwaren auf. Natürlich waren auch die Angestellten und Helfer dabei, wobei Musik und Tanz nicht fehlen durften.
Die Kriegsjahre waren für unsere Familie sehr hart. Die besten Arbeitskräfte waren im Militärdienst. Auch mein ältester Bruder musste schon mit 18 Jahren in die RS. Er war mehrmals monatelang im Aktivdienst. Man musste sich mit untüchtigen Hilfsarbeitern (Trinkern...) begnügen. Harte Handarbeit war gefordert. Wir hatten noch keinen Traktor, fast keine Maschinen, die Pferde waren im Militärdienst. Wir mussten mit dem „Muni" und mit Kühen den schweren Boden pflügen, bei Wind und Regen, bis in den Spätherbst hinein. Das Plansoll sollte erreicht werden (Anbauschlacht!). Alle haben sich kräftig ins Zeug gelegt, um die dringendsten Arbeiten zu erledigen. Sogar die Mutter musste hie und da am frühen Morgen mit der Sense Gras mähen. Sie tat es der Not gehorchend, trotz ihrer Riesenarbeit für unsern 12-köpfigen Haushalt! Auch so fand sie noch Zeit, öfters an Werktagen die hl. Messe zu besuchen und die nötigen Einkäufe zu besorgen.

Schulzeit in Ruswil

1940–48 besuchte ich in Ruswil die Primar- und Sekundarschule. Die Lehrerin der ersten Klasse hatte uns Kinder mit großer Liebe zum Beten und frommen Glauben erzogen. Meistens hatten wir vorbildliche Priester und gläubige Lehrer. In der zweiten Klasse führte uns Pfarrer Josef Gassmann in das Geheimnis der Jesusbegegnung ein. Durch diesen frommen Priester erlebten wir den Erstkommuniontag als ein unvergessliches Fest. Wir waren 82 Erstkommunikanten. Alle andern Kinder von der dritten bis sechsten Klasse feierten mit. Gefirmt wurde ich von Bischof Franziskus von Streng.

Schon ab sechs Jahren hieß es kräftig mitarbeiten in Haus, Stall, Feld und Wald. Ich musste früh aus den Federn und im Stall beim Melken helfen. Schon als kleiner Knirps durfte ich die Milch in die Käserei fahren: Am Abend mit dem Pferdewagen, am Morgen mit dem Hundegespann. Dabei gab es ab und zu ungewünschte Zwischenfälle. An einem dunklen Winterabend brachte ich die Milch mit dem Hundeschlitten in die Käserei. Schon bald am Ziel, rannte der Hund mit dem Gefährt plötzlich seitlich über die Böschung hinunter. Der Schlitten überschlug sich; ich wurde in den tiefen Schnee geschleudert und die Milch verschüttet. Warum? Der gute Bello hatte einen Hasen entdeckt und jagt ihm erfolglos nach! Ein anderes Mal wurde unser Fuchs vom Lärm einer stürzenden Milchkanne erschreckt und rannte im Galopp davon. Bei der Ausfahrt eckte er ein Rad am Pfosten an. Niemand konnte ihn zurück halten. Den 2-Rad Karren schleifte er als 1 ½-Radmobil rasend hinter sich her. Erst meine Schwester, die zufällig des Weges kam, konnte ihn stoppen.

Morgens, nach der Milchtour, habe ich sofort die Kleider gewechselt und bin zur Schule geeilt. Oft besuchten wir zuerst die hl. Messe um 7.00 h oder 7.30 h. Von 8-11 h war Schulunterricht. Dann gingen wir heim, wo uns die Mutter mit einem schmackhaften Mittagessen aufwartete. Nachher marschierten wieder zu Fuß in die Dorfschule für drei weitere Stunden, von 13 -16:00 Uhr. Da war keine Zeit zum Herumschlendern. Denn zuhause gab es viel zu helfen. Für jedes einzelne von uns wartete eine kleinere oder größere Arbeit, zusätzlich zu den Hausaufgaben.

Lausbubenstreich? Oder unschuldige Heldentat?

Die Schule schwänzen war sehr verpönt. Ein einziges Mal habe ich mich mit drei Jungwächtern zusammen getan, um für das Fronleichnamsfest im Wald Moos und Blumen zu holen. Wir waren der Meinung, ein gutes Werk zu tun. Wir holten aber vorher keine Erlaubnis beim Klassenlehrer - in der Meinung, der Zweck heilige die Mittel! Mit vollem Leiterwagen zogen wir als stolze Helden ins Dorf ein. Dann halfen wir eifrig beim Zieren und Aufrüsten der Prozessions-Altäre. – Am nächsten Schultag setzte unsere vermeintliche „Heldentat“ ein richtiges Donnerwetter mit Blitzen und mit nachhaltigem Grollen ab. Schon in der ersten Schulstunde wurden wir vier vor die Klasse gerufen und mit allen erdenklichen Schimpfnamen tituliert. Dies geschah mehrmals, wenn der Lehrer jeweils seine üble Laune abreagieren wollte. Dann rief er uns wieder vor sein Pult und übergoss uns erneut mit seiner „Litanei“: <Ihr Nichtsnutze, ihr Schlendriane, Schlingel, Dummköpfe, Erzkerle, ihr schnöden Schulschwänzer, ihr faulen Lausbuben, Sidiane, ihr Lümmel, Mistkerle, Tagediebe...!> Nach der „Schimpfiade“ folgte immer der Befehl: „Geht jetzt nach hinten und schaut in die Wand!“ Dann folgte er uns mit seiner Weidenrute, lauerte hinter uns auf jede Bewegung. Wenn einer die kleinste Bewegung wagte, folgte der Rutenschlag. Jene Episode wurde später bei jeder Klassentagung - zum Vergnügen aller - feierlich in Erinnerung gerufen, samt jener Schimpf-Litanei. Heute leben nur noch zwei von den vier Übeltätern, und wir fühlen uns immer noch stolz ob solch hochgradigem „Heldentum“.

Kaminfeger

Einmal haben mich der Mesmer und Kirchenheizer nach der Schule in den Heizkeller gerufen, um den Ofen zu rußen. Für einen Erwachsenen war die Öffnung zu eng, aber als kleiner Knirps konnte ich in den Ofen schlüpfen und die Heizung auskratzen. Nach getaner Arbeit beglückten sie mich mit einem Fünfliber! Unerhört! Damals war das ein ganzer Taglohn! So schnell wie möglich rannte ich mit meinem „Schatz“ heim. Als der Vater mit dem Drohfinger auf mich zukam, streckte ich ihm triumphierend das glänzende Silberstück entgegen und erklärte ihm alles. Da war er beruhigt und nahm mich in seine Arme. Dann habe ich rasch die Kleider gewechselt, um dem Vater im Stall beim Melken und Vieh-Füttern zu helfen, und nachher die Milch in die Käserei zu fahren.

Strenge Arbeit

Nach getaner Stallarbeit rief man uns zum Abendessen. Im Sommer gab es selten vor 20.00 Uhr Feierabend. Bei Tisch haben wir gewöhnlich Kartoffeln geschält für die Frühstücksrösti. Im Winter beteten wir danach den Familienrosenkranz. Todmüde versuchte ich noch um 21 oder 22

Uhr die Hausaufgaben zu machen. Trotz harter Arbeit las der Vater noch zu vorgerückter Stunde die Tageszeitung („Vaterland"), um sich und uns über das Weltgeschehen zu informieren. Dennoch war er am Morgen wieder als Erster - um 4 oder halb 5 Uhr - an der Arbeit. In den Kriegsjahren hat er jeden Freitag um halb vier Uhr den Teig geknetet für 15-20 kg Brot für uns 12 hungrige Mäuler. Die weitere Arbeit, samt Käse- und Früchtewähen, hat dann die Mutter übernommen. Es ist klar, dass wir an derartigen Freitagen nichts von Buße spürten. Im Übrigen waren wir uns gewohnt, mit wenig zufrieden zu sein. Jedoch mussten wir nie Hunger leiden.

Um etwas Taschengeld zu bekommen, durften wir in den Fastnachtstagen von Haus zu Haus gehen, Lieder singen und lustige Sprüche aufsagen, um dafür mit ein paar Franken belohnt zu werden. Das hat uns jeweils ein bedeutendes Sümmchen eingebracht. Als Bub hatte ich zeitweise ein paar Kaninchen und konnte ab und zu eines davon verkaufen. Beim Verkauf eines Kalbes gab es ein kleines Trinkgeld. Meine Schwestern erhielten für ihre Arbeit im Schweinestall und für ihre Hilfe bei der Feldarbeit und für das Maikäfersammeln ein Trinkgeld. Der Vater hat mein Feldmauser-Talent entdeckt und geschätzt. Er bezahlte mir gerne pro Maus 20 Rappen. Für 20 – 50 Schwänze pro Tag ergab dies ein „riesiges" Einkommen! Die Nachbarskinder haben mich hierüber beneidet. Bei ihnen wurde der offizielle Mauser angestellt und entsprechend bezahlt.

Berufswahl

In Ruswil und in unserer Verwandtschaft gab es damals viele Ordens- und Priesterberufe, unter anderem auch den Missionsbischof Josef Grüter, Bischof von Umtata (Südafrika). Von ihm kam der erste Funke für meinen späteren Missionsberuf. Ruswil stellte damals über 30 Diözesan- und Ordens-Priester; noch zahlreicher waren die Ordensschwestern und Ordensbrüder. Fast alle Jahre hatten wir eine Primiz. So dachte ich schon früh über meine Zukunft nach.

Während ich mit Eifer und Interesse bei allen Arbeiten kräftig zugriff, hatten meine beiden Brüder andere Pläne. Darum sahen meine Eltern in mir den künftigen „Honig"-Bauern. Meinen noch schüchternen ***geistlichen*** *Wünschen wurde wenig Beachtung geschenkt. In den Schulentlassungsexerzitien - 15-jährig - reifte in mir die Sehnsucht nach dem Or-*

densberuf. Vor allem dachte ich damals an die Abtei Einsiedeln, wo ein Cousin, Br. Odilo, als Gärtner wirkte. Ich wollte Schreiner werden, um dann bei den Benediktinern als Laienbruder um Aufnahme zu bitten. Dann traf ich zufällig P. Gehrig MSF. Bei einem Hausbesuch zeigte ich ihm meine Sekundarschulzeugnisse. Da riet er mir spontan, ein Gymnasium zu besuchen und an den Priesterberuf zu denken. Meine Eltern waren nicht begeistert. Wer soll dann den Hof übernehmen? Wer soll das Studium berappen? Also die Träume vergessen!

Die Zeit verging, nichts geschah, bis ich mit „Davonlaufen" drohte! Als der Vater den Ernst meiner Absicht erkannte, hat er die Sache mit meinem Cousin, Dr. chem. Anton Birrer, kantonaler Lebensinspektor, in Luzern, besprochen. Der Cousin wollte keine Zeit mehr verlieren und sagte spontan: „Wir müssen für Hans ein Internat suchen. Am Pfingstmontag werde ich euch mit meinem VW abholen. Dann wir miteinander in verschiedene Gymnasien hineinschauen. Zuerst gehen wir nach ***Stans****, dann nach Sarnen und Einsiedeln."*

In Stans konnten wir uns umsehen und hatten ein gutes Gespräch mit dem Rektor Br. Leutfried Signer. Der Vater war von diesem „schlauen Appenzeller Männchen" - wie er sich ausdrückte - total begeistert, und ich vom Kollegium. Noch in Stans sagte ich spontan. „Da gefällt es mir, da könnt ihr mich gleich anmelden. Wir brauchen kein anderes Kollegium mehr zu suchen". Gesagt – getan!

Ich „fasste" gleich eine Lateingrammatik, in der Hoffnung, im Herbst das Lateinexamen zu bestehen, und so den Einstieg in die 2. Gymnasialklasse zu schaffen. Der Vater hat dann die „Kröte" geschluckt, mit der Bemerkung, er habe sich „überrumpeln" lassen.

Bei meinem Jungwacht-Präses, dem späteren geistlichen Vater, Pfarrhelfer, Franz Wey „genoss" ich ein paar Lateinstunden, aber bei der täglichen harten Arbeit fand ich fast keine Zeit Latein zu büffeln. Sogar Bello, mein Hund, zeigte mir, wie man den Stoff „genießen und einverleiben" sollte, indem er die Lateingrammatik drangsalierte und zu fressen suchte!

Im Kollegium St. Fidelis in Stans

Nach Abschluss der Sekundarschule musste ich 18 strenge arbeitsreiche Monate warten bis der Eintritt ins Gymnasium Wirklichkeit wurde. Die Arbeit auf dem Hof war sicher nicht nutzlos, aber der lang dauernde

Schulunterbruch war nicht vorteilhaft für mein Studium. Am 28. 9. 49 erfolgte schließlich der Eintritt ins Kollegium Stans. Die Latein-Prüfung fiel miserabel aus, aber man ließ mich „sub conditione" in die zweite Klasse einsteigen. Mit ein paar Latein-Nachhilfestunden bei Br. Salvian Füeg fand ich den Anschluss problemlos. Am Ende des Schuljahres glänzte ich sogar mit einer 6 im Latein. In andern Fächern war ich meinen Mitschülern voraus. Jetzt wurde aus dem relativ kleinen Buben sehr schnell ein kräftiger Jungmann.
Weihnachten 1949, nach meinem ersten Trimester in Stans, war für die ganze Familie ein Fest wie nie zuvor. Der Vater hat für mich eine Lebensversicherung abgeschlossen und allen einen bedeutenden Betrag ins Sparbuch gelegt. Alle waren mit meinem Entschluss versöhnt. Für den Vater war es das größte Opfer. Im Januar 1950 durfte ich zuversichtlich für das zweite Trimester antreten.

Unfalltod meines Vaters: am 7.2.1950

Am frühen Morgen des 7.2.50 schrillte das Telefon! Ich bin erschrocken und wurde vom Präfekten, Br. Bartholomäus, aus dem Studiensaal gerufen und in die Kapelle geführt!?! Mein Vater sei verunglückt. Er sei gestern bei der Waldarbeit verunfallt und am späten Abend im Kantonsspital an seiner Hirnverletzung verschieden. Wie ist es geschehen? An jenem Montag wollte der Vater mit dem Velo zu einem Bauern fahren, um ein Kalb zu kaufen. Weil die Straße vereist und gefährlich war, riet ihm die Mutter, meinen Bruder Hugo hierfür zu beauftragen. Der Vater fand diese Idee gut und schickte Hugo. Er selber wolle gerne die Arbeit im Wald beenden. Das tat er und der Bruder Tod erreichte ihn dort, statt auf der Straße!? Beim Zersägen einer Tanne wurde er von einem Ast erschlagen.
In Stans hat mich mein Cousin Anton Peter um 08.00 h mit seinem VW abgeholt und über Luzern nach Ruswil gebracht. Daheim herrschte tiefste Trauer. Als Randglosse möchte ich eine kleine Begebenheit beifügen: Die weiße Lieblingskatze unseres Vaters legte sich in den Sarg neben ihren toten Freund. War dies nicht rührende Trauer, echte Empathie!
Am sechsten Tag fand die Abschiedsfeier statt. Wir durften eine trostreiche Anteilnahme erfahren. Unser Vater war als tüchtiger Landwirt sehr geschätzt. Die riesige Pfarrkirche war übervoll von Trauergästen.

Meine Zukunft wurde damit erneut in Frage gestellt! Wie soll es mit meinem Studium weitergehen? Die Mutter und die Geschwister sagten: „Wenn du willst, kannst du weitermachen, wir werden es schaffen."
Im Kollegium nahm ich gerne an den sportlichen Anlässen teil, vor allem im „Vorunterricht", beim Wandern und Skifahren. Mit Stolz trug ich das goldene Sportabzeichen. – Im Orchester spielte ich die erste Klarinette und durfte sogar in einem Konzert als Solist – mit Hansruedi Mahnig am Klavier – auftreten. Ich spielte auch gerne Schach und gewann 1954 die Kollegi-Meisterschaft.

Klassengeist oder Bandengeist?

Wir waren bereits in der vierten Gymnasialklasse, nicht mehr so brav und folgsam. Der schmutzige Donnerstag rückte heran. In gehobener Fastnachtsstimmung musste einfach etwas geschehen. Üblicherweise wurde der Schulbetrieb an diesem Tag etwas gelockert. Die Stunde wurde etwas gekürzt, man durfte etwas spielen oder lesen. Ein Lehrer hat vielleicht eine spannende Geschichte vorgelesen. Aber nicht alle Lehrer waren in diesem Punkt gleich großzügig. Wir wussten aus Erfahrung, dass der Pater „Heiri" seinen Stoff eisern durchpauken wollte. Bei ihm hatten wir Technisches Zeichnen. Die Klasse war sich im Voraus einig: <Falls wir ernsthaft arbeiten sollten, werden wir streiken>. Der Professor stand vorn am Pult und erklärte uns den Schulstoff und die Arbeitsweise. Wir saßen stumm in den Bänken, gespannt der kommenden Ereignisse harrend. Als P. Heiri in die Klasse rief: „Holt die Reisbretter!" rührte sich niemand. Verwirrt schaute er in die Runde und wiederholte: „Holt jetzt die Reisbretter!" Als alle stumm mit verschränkten Armen hocken blieben, hörten wir den letzten nervösen Aufruf: „Ich sage noch ein letztes Mal: Holt die Reisbretter!" Eine Weile blieb es mäuschenstill im Zeichensaal! Hochspannung! Niemand regte sich! Dann folgte das zackige Ende: „So, ihr könnt gehen, ich gehe auch!" Dann entfernte er sich raschen Schrittes. Wir fühlten uns als Sieger, marschierten ins Klassenzimmer und fingen fröhlich zu jassen an.
Nach zehn Minuten stand der gefürchtete P. Rektor vor uns. Nach kurzem Morgengruß begann er mit strafendem Blick und erhobener Stimme: „Was ihr euch heute geleistet habt ist **Bandengeist** nicht Klassengeist! Damit ihr künftig besser verstehen werdet, was verantwortungsbewusster Klassengeist bedeutet, habe ich euch eine heilsame „For-

schungsarbeit" ausgesucht. Das Thema lautet: **<Bin ich denn der Hüter meines Bruders?>** *Die Arbeit muss mindestens sieben Seiten umfassen und am Dienstagabend in meinem Büro abgegeben werden. Alle wussten, dass dies ohne Pardon geschehen musste.*
In der nächsten Stunde kam der Deutschlehrer, P. Theophil. Wir erzählten ihm die ganze Geschichte und baten ihn um sein Verständnis und hofften, dass er uns etwas aus der Klemme helfen werde. Tatsächlich verstand er unsere Notlage bestens. Ohne Vorwürfe und ohne Diskussion schrieb er drei Vorschläge an die Wandtafel. Drei Varianten mit entsprechenden Skizzen waren zur Auswahl. Er sagte, jeder soll wählen, was ihm am besten zusage. Er warnte uns: „Aber, passt auf, dass nicht alle das gleiche Schema nehmen, sonst wird die Geschichte zu verdächtig!" Durch diese großartige Nothilfe wurde die ganze Sache ein Spaß, und jeder machte sich mit Schwung, ja beinahe mit Begeisterung hinter die Arbeit. Jeder konnte sie termingerecht abliefern… Die Fastnacht war dadurch nicht verdorben!

Kapuziner in spe

Die Jahre vergingen im Nu. Allmählich wurde ich vom Franziskus-Ideal und seinen lebenden Nachfolgern (unsern Lehrern) angezogen. So wurde aus dem Traum-Benediktiner ein Kapuziner „in spe". 1953 absolvierte ich in Emmen die FLAB-RS. Den geringen Rekrutensold konnte ich fast gänzlich für das Studium auf die Seite legen. Ich brauchte fast kein Taschengeld, denn ich konnte meinen abendlichen Ausgang in der Nachbarschaft bei meiner verheirateten Schwester verbringen. Für die Sommerferien 1954 war ein Welschland Aufenthalt geplant. Leider wurde nichts daraus, weil mein Bruder Hugo, der damals das Vieh besorgte, einen Unfall erlitt, so dass ich ihn ersetzen musste: 35 Rinder hegen und pflegen, 20 Kühe melken! – Kein Französisch-Studium!

Beim Onkel James in Stafford

1954 durfte ich ein paar Wochen bei meinem Onkel in England verbringen. Der Sprachurlaub war nicht nur für mein Englisch nützlich, sondern auch für meine Berufsentscheidung. Onkel Jakobs Beispiel als echter Christ mit apostolischem Eifer gab mir einen kräftigen Schub und eine entscheidende Neuausrichtung auf meiner Suche nach dem Beruf.

Onkel James war Elektroingenieur und ein hervorragender Fachmann im Spezialgebiet der Schaltvorrichtungen. Er hatte bei der English Electric Cie. höchste Leitungsstellen inne. In der Filiale in Stafford arbeitete Onkel James volle 50 Jahre als Techniker. Nach der Pensionierung stand er der Firma weitere 10 Jahre als Übersetzer zur Verfügung. Dort hatten sie 7000 Angestellte. Als verantwortungsbewusster Christ stellte er seine Talente und sehr viel Zeit in den Dienst der Mitmenschen. Er war ein großer Beter und heroischer Laienapostel. Er war auch ein eifriger Verehrer der hl. Eucharistie und der Gottesmutter Maria von Lourdes. Das ist das Geheimnis seines apostolischen Wirkens. Er sei nach einem langen Magenleiden in Lourdes plötzlich geheilt worden. Von einem Tag auf den andern konnte er wieder alles essen und trinken, frei von allen früheren Störungen. Darum wolle er gerne mit seinen Kräften, den Mitmenschen helfen.

Onkel Jakob kam gelegentlich für ein paar Tage zu uns in die Ferien. Er hängte sein apostolisches Wirken nicht an die große Glocke. Wir wussten damals nichts von seinem Wirken. Es fiel uns aber auf, dass er täglich die hl. Messe besuchte. Dann geschah etwas, was uns alle verblüffte. Vor seinem Besuch hatten meine Schwestern die übliche Frühjahres-Hausreinigung vorgenommen. Auch das Elternzimmer, das für unseren Vater und seinen Bruder Jakob hergerichtet wurde, war an der Reihe. Als sich der Onkel zur Ruhe begab, wurde mein Vater, der schon schlief, von einem Krachen aufgeweckt und fragte: „Jakob, was ist los?“ Er antwortete nur: „Well, nichts, nichts!“ Es war finster, und der Vater schlief sofort wieder ein. Erst am Morgen sah er, wie sein Bruder die Nacht verbrachte (= durchlitt). Offenbar hatten die Putzerinnen das Bett nicht richtig aufgestellt, so dass die Untermatratze auf einer Seite absackte. Der Onkel wollte seinen Bruder schonen und nahm die missliche Lage als willkommene Bußübung auf sich.

Er war Mitglied des Franziskanischen Dritten Ordens (DO). Daheim, In Stafford, sammelte er Jahr für Jahr Gruppen von katholischen Arbeitern seiner Firma, und machte mit ihnen bei den Kapuzinern in Birmingham Exerzitien. Er besuchte die tägliche Eucharistiefeier. Nach dem Feierabend fand man ihn in der Pfarrkirche beim Rosenkranz. Mit dem Velo kam er um 17.30 Uhr heim zum Dinner. Nachher fuhr er nochmals (8 km) zur Kirche. Er verweilte dort in stiller Anbetung, bediente den Zeitschriften- und Devotionalienstand. Um 21.00 h war er wieder mit uns beim Supper. Anschließend beteten wir mit ihm kniend den Rosenkranz.

Bis Mitternacht pflegte er die Zeitungen zu durchgehen und seine ausgedehnte Korrespondenz zu besorgen. Er brauchte nur wenig Schlaf. Er kannte die katholischen Mitarbeiter seiner Filiale und munterte die säumigen Mitchristen zum eifrigen Mittun auf. Er betreute die Missionskasse und war Präsident des Vinzenz-Vereins. Er besuchte regelmäßig die Kranken und Ärmsten seiner Pfarrei, um ihre größte Not zu lindern. – Nach jenen Wochen mit Onkel James wusste ich: Ich werde Kapuziner.

Reise nach Passau

1955 durfte ich mit P. Reinhard, P. Hubert und 10 Mitstudenten im Kollegium Stans nach Passau und München reisen. Wir bildeten zusammen ein kleines Orchester; ich spielte die Klarinette. Wir waren Gäste der jungen Ackergemeinde der heimatvertriebenen Sudetendeutschen und duften mit ihnen an einer Bildungswoche teilnehmen. Wir lernten das folgenschwere Schicksal der Heimatvertriebenen kennen. Zur Kriegszeit hatten die deutschsprachigen Sudeten ihr Heimatland verlassen. Sie verloren ihre ganze Lebensgrundlage und mussten ihr geliebtes Böhmen aufgeben. Durch diese erlebnisreichen Tage haben sich lebenslange Kontakte und Freundschaften mit ihnen und unter uns gebildet. Damals hätte ich fast für eine junge Frau Feuer gefangen. Aber ich blieb bei meinem Entschluss, Kapuziner zu werden. Gott sei Dank! Das Feuer ist bald wieder verloschen.

Matura und Eintritt in den Kapuzinerorden

1956 machte ich in Stans die Matura mit guter Durchschnittsnote. Die Maturareise führte uns nach Rom! – Ein vielfarbiges Erlebnis!
Mein Bruder Sepp hatte einen alten Austin. Er wollte mich vor dem <Austritt aus der Welt> mit einer Reise beschenken. Zusammen erlebten wir eine unvergessliche sechstägige „Tour de Suisse“. Aber der Anfang war harzig, fast einem Albtraum ähnlich. Denn gleich am ersten Reisetag streikte der alte Klepper in Luzern - ausgerechnet auf der Seebrücke! Mitten im Großverkehr stand er still. Alles Hupen der nervösen Fahrer im Stau half nichts. Ich hatte das <Vergnügen>, auszusteigen und das kranke Gefährt über die Seebrücke zu schieben. Allmählich bekam es

wieder genug „Schnauf", um eine Garage zu erreichen. Ohne großen Verzug wurde der Schaden behoben und die Fahrt ging problemlos weiter. Noch am ersten Abend erreichten wir Davos. Teure und feierliche Übernachtungen konnten wir uns nicht leisten. Das Auto oder ein Heuschober waren unsere „Hotelzimmer". Unser Festessen zauberten wir aus dem Rucksack; die köstlichsten Getränke holten wir gratis vom Brunnen. Das war für einen angehenden Kapuziner eine gute Vorübung! Kurz vor meinem Klostereintritt durfte ich mit meiner Schwester Hedy und Schwager Gusti noch eine fünftägige Ferienfahrt nach Venedig und ins Wallis genießen.
Als Anmerkung darf ich beifügen, dass in Venedig keine Unterkunft zu finden war. Wir fuhren dann zurück bis Treviso, wo nach langem Hin-und-Her in einem Hotel noch ein einziges Zimmer für das Ehepaar zu finden war. Für mich war nichts mehr zu kriegen. Schließlich bot man mir ein Badzimmer an. Ich war zufrieden und „schlief" in der Badewanne. Am folgenden Tag fuhren wir via Padua, Verona, Milano, Domodossola über den Simplonpass nach Brig. Am Abend kamen wir über Visp nach Stalden. Dort brachte uns die Seilbahn via Staldenried nach Gspon hinauf. In der „Sommerresidenz" der Familie meines Maturakollegen Benedikt Brigger, dem späteren Mitnovizen Br. Amandus, wurden wir erwartet und von seiner Schwester Anna feierlich bewirtet und einquartiert. Am folgenden Morgen stiegen wir mit Benedikt (Amandus) zu ihrer Maiensäß hinauf, ja sogar bis hoch auf den Rosskommet.

Noviziat

Am 4. 9. 1956 trat ich zusammen mit 25 jungen Männern im ***Wesemlin, Luzern*** *ins* ***Novizia****t ein. Vor der Klosterpforte haben wir den Geldbeutel entleert und die letzten paar Batzen auf die Straße rollen lassen. Nach ein paar besinnlichen Einführungstagen wurden wir am 10. September mit dem braunen Habit eingekleidet. Am gleichen Tag sind unsere Locken gefallen. Wir haben einander das damals übliche Kränzchen geschnitten. Ein großes Gaudi gab es, wenn einer so richtig verschnitten wurde, das heißt, wenn der Kranz gründlich misslungen war! Solche „Opfer" waren natürlich froh, dass wir keinen Ausgang hatten. Ungewolltes Gaudi konnte es auch beim frommen Gebet geben. Nach der Vesper sind jeweils zwei Novizen mit der gemeinsamen Gebetstafel in den Mittelgang hinausgekniet, um die Muttergottes Litanei vorzubeten. Einmal* *waren Br. Edwin und ich an der Reihe. Da geschah es, dass einer von uns die falsche Anrufung erwischte, und der Gebetspartner die Sache beharrlich korrigieren wollte. Da hörten wir im Hintergrund ein Kichern. Da mussten wir krampfhaft das Lachen unterdrücken und eine Weile pausieren. Dadurch steigerte sich die Spannung. Um das Gebet nicht länger zu unterbrechen, versuchte Br. Edwin mit verkrampftem Mund wieder ein paar Worte heraus zu würgen. Da hat es mich hoffnungslos verknallt. Alle wurden zum Lachen gereizt. Dann hat im Hintergrund ein alter Pater, der wenig Verständnis für Novizen-Dummheiten aufbrachte, geknurrt und gezischt. Nach einer Pause versuchten wir allen Ernstes mit den Anrufungen wieder anzufangen. Aber da wir noch immer furchtbar „reizvoll" waren, schafften wir es nicht. Wir sind total zerplatzt und niedergesunken. Jeder neue Versuch war nun vollständig „deplatziert". Obwohl wir am folgenden Tag die „Culpa" (=Schuldbekenntnis) sagen mussten, spürten wir, dass unsere Obrigkeit mit solchen „Novizeleien" genügend Erfahrungen hatten und unserem „Ausrasten" viel Wohlwollen entgegen brachten.*

*Gelegentlich haben wir im Klostergarten Volley gespielt. Damals trugen wir beim Ballspiel keinen besonderen Sportdress. Hierfür hatten wir eine alte, ausgetragene Kutte, wie wir sie auch nachts im Bett trugen. Beim Spielen ging es hie und da rabiat zu. Mitten im kämpferischen Getue habe ich einen Mitnovizen am Habit gepackt. Da löste sich das Unterteil vom Gürtel abwärts vom Oberteil. Da stand der arme Mann in seinen kurzen Höschen ganz perplex auf dem Platz. Beschämt hob er das abgesägte Teil, klemmte es um den Bauch und rannte vom Platz. Was für eine Belustigung unter „frommen" Männern. – Freilich gab es nicht alle Tage solche „**Extra**vaganzen", nicht nur Schalk und Allotria. Für gewöhnlich übten wir uns eifrig in soliden „**Intra**vaganzen". Ein tiefsinniges Leitwort hat mich bis heute inspiriert. Ich habe es von meinem Beichtvater übernommen, immer wieder neu meditiert und auf seine Wahrheit geprüft. Er sagte mir: „Frater Manfred, es geht dir gut, wenn es dir nicht gut geht!" Es ist scheinbar widersprüchlich, aber im Blick auf Jesus echt und wahr.*

Wir wurden unter kundiger Leitung vom Novizenmeister, P. Edmund Kaiser, und seinem Sozius, P. Jean-Charles Mayor in die franziskanische Nachfolge Christi eingeführt. Mit ihrer Hilfe machten wir unsere ersten Gehversuche im Kapuzinerorden, mit mehr oder weniger Erfolg. Im Laufe dieses Probejahres haben uns einige wieder verlassen. Am 12. Sept.

1957 durfte ich mit 17 Mitbrüdern vor dem Gnadenbild unserer Lieben Frau vom Wesemlin die zeitlichen ***Gelübde*** *ablegen.*

Im März 1957 waren wir Zeugen der Aussendung von 3 Mitbrüdern nach Tanganyika: Wolfram, Damian und Beda. Am 8. Mai im gleichen Jahr feierte mein Bruder Sepp mit Bethli Aregger in unserer Klosterkirche ihre Hochzeit. Wir Novizen sangen die hl. Messe und das Te Deum des hl. Franziskus. Im Sommer 1957 erlebten wir im Mutterkloster das feierliche Provinzkapitel. Etwa 80 Brüder nahmen daran teil. Wir Novizen mussten unsere Zellen räumen und eine Woche lang im Estrich logieren.

Studien – Jahre

Bei P. Clodoald Hubatka im Kloster ***Stans*** *verbrachten wir 1957/1958 das Studium in Philosophie und Fundamentaltheologie. – Dort spielte ich dem P. Benignus einen Streich: Schon lange nervten uns seine „putzbedürftigen“ Sandalen. Als eines Tages seine schmutzigen Sandalen vor seiner Zelle lagen, bot sich eine gute Gelegenheit einzugreifen! Ich putzte eine Sandale und brachte sie auf Hochglanz, die andere ließ ich in ihrem „Urzustand“. Als ungleiches Paar legte ich sie vor seine Türe, was ein allgemeines Gaudium ausgelöst hat! Der Besitzer hat nie nach dem „Sünder“ gefragt, trat jedoch fortan mit zwei gleichen (sauberen) Sandalen auf.*

Das Theologie-Studium, 1958-62, in ***Solothurn****, mit Magister Hilarin Felder und den Lektoren Peter, Alkuin, Odorich und Günther, verlief ohne besondere Zwischenfälle. – Am 19.1.61 feierte ich mit 8 Mitklerikern in Solothurn die* ***Ewige Profess****.*
Weitere wichtige Etappen waren das Subdiakonat und das ***Diakonat.*** *Dann wagten wir uns an unsere ersten Predigten, im Kloster und in anderen Kirchen der Stadt.*
Endlich erreichte ich das lang ersehnte Ziel, die hl. ***Priesterweihe. Sie wurde*** *uns 8 – und dem Nachzügler, Br. Josef Cupertin - am 2.7.61 von Bischof Franziskus von Streng gespendet.*
Am 9.7.61 war das Fest der feierlichen ***Primiz*** *in Ruswil. Es war zur Zeit des legendären Pfarrers, R. Habermacher. Mehr als 400 Gäste feierten mit, wie es dort zum guten Ton gehörte. Ich musste mich nicht um die Vorbereitung und Gestaltung kümmern. Alles wurde von der Pfarrgemeinde bestens organisiert. Am Samstag war die Anreise, am Sonntag*

das Fest, am Montag der 70. Geburtstag meiner Mutter, am Dienstag Rückreise nach Solothurn. Die Primiz war der erste Heimatbesuch seit meinem Ordenseintritt im Jahr 1956!
Als geistlicher Vater waltete der hochverdiente Jugendseelsorger Franz Wey, Pfarrhelfer in Ruswil. Meine „Geistliche Mutter“ war Frau E. Studhalter-Rogger, Ruswil, als Festprediger wirkte P. Waldemar Gremper, Rektor in Appenzell. Wer seine Predigt gehört hat, mag sich erinnern, mit welcher Kraft er mir den Auftrag zum **Segnen** *in die volle Kirche geschrien hat: „Segne deine Angehörigen, segne die Jungen, segne deine Pfarrgemeinde,... segne die ganze Welt!“ Von jenem Tag an habe ich jeden Abend den Segen gespendet in alle vier Himmelsrichtungen und tue dies heute noch; ich werde es weiter tun, bis zu meinem Tod. Ich habe den Segen gratis bekommen und gebe ihn gratis weiter.*
Für die Einladungskarte zu meiner Primiz habe ich das Symbol einer Kerze mit dem Bibelwort: „Ein Licht zur Erleuchtung...“ gewählt. Das Bild zeigt eine Kerze, im Dunkel stehend, Licht spendend, und dabei sich verzehrend. Im Hinblick auf meine künftige Missionstätigkeit wies dieses Symbol auf meine Lebensaufgabe hin: Selbstlos sich aufreiben lassen zur Ehre Gottes und zum Wohl der Mitmenschen. In dieser Hoffnung und Bereitschaft begann ich meine ernsthafte, priesterliche Tätigkeit. Wie gut oder schlecht ich nach dieser Devise gelebt habe, wird sich erst später erweisen. Ich freute mich auf die künftige Aufgabe als Priester, aber das Predigtamt machte mir Angst und Sorgen. Warum? Weil ich oft P. Jost im Klostergarten mit seiner Sonntagspredigt auf und ab gehen sah, plagten mich ernsthafte Fragen: Wenn Jost als alter Mann tagelang seine Predigt Satz für Satz auswendig lernen muss, dann wehe mir, dann wird für mich jede Predigt zur Qual! Texte auswendig lernen war nie meine Stärke gewesen. Ich wusste bereits aus eigener Erfahrung mit meinen ersten Predigten, dass es diesbezüglich sehr „harzte“. Im Juli 1961 durften wir auf die Brunnialp in die Sommerferien. Am Sonntag war ich zuständig für die Eucharistiefeier in einer Bergkapelle. Ich lernte meine Predigt mühsam auswendig. Vor der Messe ging ich an den Bach hinunter, um die Predigt nochmals laut aufzusagen. Es war ein herrlicher Sommertag. Die Leute kamen in Scharen zum Gottesdienst. Die meisten Zuhörer standen aber draußen, so dass ich meine Predigt draußen vor der Kapelle halten musste. Die Gläubigen drängten sich so nahe an mich heran, dass ich mich kaum bewegen konnte. Eine Geste war unmöglich, sonst hätte ich den Gläubigen ins Gesicht geschlagen. In dieser buch-

stäblichen „Bedrängnis" blieb mir nur noch eine mögliche Predigtweise: ***Ich musste mit den Leuten reden wie ein Bruder mit Brüdern.*** *Ich befreite mich vom erarbeiteten Text und sprach in freier Wortwahl mit den Anwesenden. Es gelang mir, die gleiche Botschaft in neuer Formulierung zu verkünden. Ich tat es in einer Art, dass ich spürte, wie die Zuhörer mich verstanden und mein Wort aufnahmen. Das war für mich das eindeutige Wirken des Heiligen Geistes. Es war der entscheidende* ***Befreiungsschlag*** *für meine zukünftige Predigttätigkeit, die ich durch mein ganzes Priesterleben mit viel Freude ausübte.*

Dann folgte das letzte Jahr der theologischen Ausbildung mit Practica und Schlussexamen. Als Pater-Fratres übernahmen wir die ersten seelsorglichen Aushilfen im Klosterkreis von Solothurn.

Erste Erfahrungen als Seelsorger

Die ersten „Pfarrer"- Freuden und -Sorgen durfte ich in Obergerlafingen erleben. Im August 1961 habe ich dort 3 Wochen lang als Ferienvertreter von Pfarrer Guldimann gewirkt. Vor seiner Abreise hat er zwei Sterbende, die bis jetzt jeden priesterlichen Beistand ablehnten, meinem Gebet und meiner Obsorge empfohlen. Schon am andern Tag habe ich beide besucht. Der Erste, 83-jährig, hatte seit dem Hochzeitstag keine Kirche mehr betreten. Er zeigte sich offen und dankbar für ein Gespräch! Oh Wunder der Gnade Gottes! Am gleichen Tag packte er alles aus. In ehrlicher Reue legte er eine Lebensbeichte ab, empfing die Lossprechung, die Krankensalbung und die hl. Kommunion. Sichtlich ergriffen und strahlend vor Freude reichte er mir dankbar die Hand. Schon in der gleichen Woche hat ihn der barmherzige Gott heimgeholt. – Der andere war sehr unruhig und zornig, lehnte aber jede Hilfe ab. Er sei als Bube bei der Beichte vom Pfarrer angefaucht worden. Er habe jeden Kontakt mit der Kirche abgebrochen. Meine Versöhnungsversuche schlugen fehl. Er brauche keinen Priester mehr. Zwei Tage darauf machte ich einen neuen Versuch, aber er wollte nichts mehr von mir hören. Im Gegenteil er kehrte sich brüsk gegen die Wand und streckte mir seinen nackten Hinter entgegen! Sic! – Auch für ihn ging das Leben kurz darauf zu Ende, aber leider mit verstocktem Herzen. Ein Urteil steht mir nicht zu. Der barmherzige Gott allein, der ins Verborgene sieht und alle Zusammenhänge im Leben eines Menschen kennt, hat das letzte Wort.

1961/62 widmeten wir uns noch ein Jahr dem intensiven Theologiestudium. Es war verflochten mit der ersten Seelsorgepraxis. Da tauchten viele Fragen auf, die nun im gegenseitigen Austausch zu erörtern waren. Drei Wochen nach den Schlussexamen nahmen wir - mit dem Predigerpatent und den üblichen Vollmachten ausgestattet - von Solothurn Abschied.

Olten – Predigerjahr

Als Missionskandidaten wurden Br. Amandus, Br. Edwin und ich im September 1962 für das Pastoralpraktikum dem Kloster Olten zugeteilt. Unter der Leitung von P. Oswald Löchler (Volksmissionar) und P. Edelbert Noser (Guardian), widmeten wir uns vor allem der sach- und fachgerechten Verkündigung des Wortes Gottes.

Ich genoss den Einsatz in ***Trimbach*** *als Prediger und Katechet. Der Ortspfarrer Amiet war ein strenger, aber gerechter und einfühlsamer Lehrer und mein priesterliches Vorbild. Eine kleine Episode darf ich als Randglosse beifügen: In der Abschlussklasse saß in der ersten Bank ein sehr großer Schüler, der mich offensichtlich nerven wollte. Er schob mehrmals einen Papierfetzen auf dem Pult hin und her. Dabei zog er die Aufmerksamkeit der andern Schüler/Innen auf sich. Ich sagte in aller Ruhe: „Junge, lass das Spiel, sonst nehme ich Dich übers Knie!“ Als er das gleiche Spiel von neuem anfing, rief ich ihn nach vorn, nahm ihn über mein Knie und schlug ihn mit der flachen Hand auf seinen Podex. Alle freuten sich über mein Eingreifen und sagten, er habe es verdient. Auch der „Missetäter“ hat sich später entschuldigt, und wir wurden Freunde. Von da an hatte ich in jener Klasse keine Störer mehr. In meinem ganzen Priesterleben war das meine einzige Körperstrafe. Es versteht sich, dass solche „Eingriffe“ heute nicht mehr geduldet werden. - Ich hatte gewöhnlich pro Woche 12 Std. Religionsunterricht. Übers Wochenende half ich als Prediger und Beichtvater in Trimbach oder in einer Pfarrei des Oltner Klosterkreises aus.*

<u>Weihnachten 1962</u>

*Eine **„saftige“** Aushilfe möchte ich noch besonders erwähnen. Vor Weihnachten 1962, in den letzten Tagen der Adventszeit verbrachten die meisten Mitbrüder viele Stunden im Beichtstuhl. Die Solothurner hatten ja den “Ruf“, dass sie an Weihnachten die Ostersakramente empfangen. Am Samstag vor Weihnachten saß ich einige Stunden im Beichtstuhl der Klosterkirche. Am 4. Adventsonntag hatte ich im Kloster Gottesdienst mit Predigt. Am Montag von 9.00-12.00 Uhr waren wir zu zweit beim Beichthören im Kloster. Um 12.00 Uhr mussten Br. Amandus und ich noch eine ganze Schar von Beichtwilligen wartend zurück lassen. Wir haben ihnen versprochen, gleich nach dem Essen nochmals zu kommen. Um 12.30 Uhr trafen wir noch mehr Leute vor den Beichtstühlen. Sie hielten uns die ganze Zeit hin; aber um 14.00 musste ich die Kirche verlassen, um rechtzeitig, um 15.00 Uhr in der großen Pfarrkirche von Reiden im Beichtstuhl zu sitzen. Dort blieb ich bis 19.30 Uhr „hängen“ und stieg dann mit Pfarrer Josef Grossmann fürs Nachtessen und eine kurze Weihnachtsfeier ins Pfarrhaus hinauf. Um 21.00 warteten schon wieder Dutzende vor dem Beichtstuhl, bis ich im feierlichen Hochamt, nach dem Festevangelium, um 00.30 h, aus dem Beichtstuhl schlüpfen konnte. Mit großer Mühe zwängte ich mich durch die dichte Menschenmenge, um pünktlich die Kanzel zu besteigen. Zitternd und ausgelaugt vor Müdigkeit sollte ich eine „zündende“ Festpredigt halten? Wie soll das geschehen? Ich rief den Heiligen Geist zu Hilfe. Als ich die gewaltige Festgemeinde sah - die Kirche war ganz voll, auch der Mittelgang und die Seitengänge, man hätte auf den Köpfen gehen können, - erfüllte mich eine seltene Energie und Freude, dass ich buchstäblich in der Kraft des Hl. Geistes das Festgeheimnis verkünden konnte. Nach der Predigt saß ich wieder im Beichtstuhl bis zur Kommunion. Dann folgten etwa 3 Stunden Nachtruhe. Ich hielt die 5.00 Uhr Messe, ohne Predigt. Wieder füllten sich die Bänke vor dem Beichtstuhl bis um 9.00 Uhr. Im feierlichen Hochamt hielt der Ortspfarrer die Festpredigt. Nach der Heimkehr ins Kloster Olten folgte das übliche Stundengebet von A bis Z. Trotz Müdigkeit erfüllte mich unbeschreibliche Freude und Genugtuung über das wunderbare Wirken der Gnade Gottes! Meines Erachtens war jene Weihnachtsaushilfe in Reiden mit 15 +.. Stunden Beichthören die anspruchsvollste meines ganzen Priesterlebens. – Vergleichbar wäre nur noch die Arbeit auf der Insel Mafia, bei tropischer Gluthitze (siehe unten!).*

<u>Ruf in den Missionsdienst</u>

*Nun sollte mein Wunsch, als Missionar auszuziehen, bald in Erfüllung gehen. Im August **1963** hieß es auf der Mutationsliste: „Br. Manfred geht als Missionar nach „Tanganyika“. Erst nach der Vereinigung von **Tanganyika** mit **Zanz**lbar im Jahr 1965 ist **„Tanzanìa“** entstanden. – In der Suaheli-Sprache ist **Z =** weiches **S.***

*Von Oktober bis Dezember 1963 erfolgte dann ein kurzer Sprachaufenthalt in Kilkenny, im Novitiats-Kloster der irischen Kapuziner. Dort habe ich mich nebenbei etwas informiert über das Wirken der franziskanischen Laiengemeinschaft (FG oder DO = Dritter Orden) Auf dem Heimweg durfte ich bei meinem **Onkel James** in Stafford, England, einen zweiwöchigen Zwischenhalt einschalten. Das war meine letzte Gelegenheit, diesem heiligen Mann zu begegnen. Später konnte ich nur noch sein Grab besuchen.*

<u>Sendung nach Tanzania</u>

Am 6. Januar 1964 wurde ich von P. Serafin Arnold, Oberer der Schweizer Kapuzinerprovinz, in der Pfarrkirche meiner Heimatgemeinde Ruswil als Missionar ausgesandt. Wie es schon auf meiner Primiz-Einladung stand, soll ich „ein Licht zur Erleuchtung der Heiden“ sein. P. Hilmar Pfenniger hielt die Festpredigt und Bischof Josef Grüter (Umtata, Südafrika) war Ehrengast, nebst ein paar Mitbrüdern von Sursee. Viele Ruswiler Katholiken beteten und feierten mit. Anschießend verbrachte ich ein paar Tage in der Vallsainte, um mich in aller Stille auf meine künftige Aufgabe vorzubereiten. Vor allem dachte ich an das Licht, dass ich den anvertrauten Mitmenschen vermitteln soll. Eine Kerze kann nur leuchten, wenn sie brennt. Christus ist das wahre Licht, das in mir für andere leuchten möchte. Aber keine Kerze kann Licht spenden, wenn sie sich nicht verzehren lässt. Das heißt für mich, dass meine - mir von Jesus zur Verfügung gestellten Kräfte – sich wie das Wachs der Kerze verbrauchen müssen. Um diese Einsicht und Bereitschaft wollte ich in meinen Einkehrtagen bitten.

Am 8.2.64 reiste ich von Luzern aus mit dem Zug via Milano – Padua nach Venedig und in der folgenden Nacht wurde der Riesendampfer „Europa" durch dichten Nebel aus dem Hafen gelotst. Fort ging es via Bari – Suez. Nach einem Ausflug (mit einem Reisebus) nach Cairo, fuhren wir bei tropischer Hitze durch das Rote Meer, machten einen Halt in Aden. Von dort ging es weiter, der Küste von Samalia entlang. Auf der „Europa" reisten auch andere Missionare, teils Urlauber, teils neue (Benediktiner, Immenseer, Weiße Väter, Missionsschwestern… und unser Br. Richard Mesmer) nach Dar es Salaam. Es war eine wunderschöne, unterhaltsame, meist ruhige Fahrt. Nur auf der Strecke zwischen Aden um Mogadishu, ums „Horn von Afrika" wurden wir gehörig durcheinander geschüttelt. Viele wurden seekrank. In Mombasa gab es einen Zwischenhalt von 24 Stunden. Unser Reiseziel - Dar es Salaam – erreichten wir am Morgen des 24.2.64. Noch am gleichen Tag fuhr die „Europa" weiter in Richtung Kapstadt.

Erste Safari-Erlebnisse – eine Lebensfülle

In bester Erinnerung bleibt mir der erste Eindruck von der „Fülle des Lebens"! Möglichst schnell wollte ich der feuchten tropischen Gluthitze von Daressalam entkommen. Schon am 2. Tag brachte mich Br. Eugen Gisler mit einem Landrover nach Ifakara. Die Reise führte durch den Mikumi Wildpark! Wir sahen Büffelherden, Gazellen, Giraffen, Scharen von Zebras, verschiedene Gruppen von Elefanten und Warzenschweinen... Und o Wunder! Mitten auf der Hauptstraße schlummerte eine Löwenfamilie, ein seltener Glücksfall, auch für den „alten Fuchs", Br. Eugen!

In der Kilombero Ebene bewunderte ich die endlosen Felder der Zuckerplantagen. Es war zur Hochregenzeit im heißfeuchten tropischen Klima. Wie nie zuvor erlebte ich das wuchtige Wachstum, das üppige saftige Grün mit einer Menge von Blumen und blühendem Gebüsch der ganzen Iringa Bergkette entlang. Die Straße war gesäumt mit hohem Gras und Gebüsch. Ich hatte den Eindruck, dass das mächtig wuchernde Gras den Fahrzeugen das Weg-Recht streitig machen wollte.

Am Abend erreichten wir müde Ifakara. Das ist eine sehr schmutzige Kleinstadt. Zur Regenzeit sind die Wege schlammig, zur Trockenzeit voll Staub, der überall eindringt. Aber Ifakara ist ein bedeutender Knoten-

punkt, Handelszentrum, Regierungs-Distrikt, Ort eines guten Spitals mit einigen Schweizerärzten. Auch das berühmte Basler Forschungszentrum von Prof. Geigy befindet sich dort. Im Pfarrhaus lernte ich die ersten Missionare kennen. Leider habe ich mich nicht im voraus erkundigt, wer dort wohnte und welche Aufgabe jeder einzelne hatte. Da musste ich gleich bei meiner Ankunft eine Rüge einstecken. Ich wurde von einem hochgestellten Mitbruder willkommen geheißen und wagte ihn beim Handschlag zu fragen, wer er sei. Meine Güte! Das war eine Majestätsbeleidigung! Da erhielt ich die „freundliche“ Antwort: „Jetzt kommt ein Junger „Schnufer“ aus der Schweiz und weiß nicht, wer da im Einsatz ist!“ Ich habe mich entschuldigt und gestaunt, dass es auch unter den „Mindern Brüdern“ solche mit „GW“ gibt!

Von Pfarrer P. Hieronymus Schildknecht wurde mir das Turmzimmer zugeteilt. Wieder eine intensive Erfahrung von **Leben:** *Eine Vielfalt von Getier kämpfte ums Leben oder genoss es! Unvorstellbar: Fliegen, Mücken, Käfer und andere, verfolgt von Eidechsen! Als ich das Tischtuch ein wenig hob, flohen Scharen von kleinen Käfern! In den Ecken glotzten mich große Kakerlaken an. Als ich ein solches stinkendes Geschöpf verscheuchen wollte, raste es wie der Blitz in eine andere Ecke. An Wänden und an der Decke turnten Geckos herum, auf Mücken und andere Viecher lauernd. So schnell wie möglich verkroch ich mich unters Moskitonetz. Ich hoffte so, dem Unheil zu entfliehen und träumend das Wunder der Lebensfülle zu „genießen“. Aber auch dort hatte ich keine Ruhe. Eine Mücke, die offenbar im Netz ein Schlupfloch entdeckte plagte mich die ganze Zeit. Dann überfielen und kitzelten mich Mini-Ameisen zu Hunderten! Sie labten sich an meinem Schweiß. Am andern Morgen spürte ich an einer Zehe ein heftiges Jucken! Ich hatte keine Ahnung, was es sein könnte, aber offensichtlich war da wieder ein anderes „Tier“ am Werk. Als das Beißen immer heftiger wurde, sagte mir Br. Fabian lachend: „Ja, das ist „nur“ eine Sandfloh!“ – Donnerwetter, wenn das so anfängt!...? So dachte ich! – Aber das war erst der harmlose Anfang! Im Nachhinein gab es noch viele gesalzenere Erfahrungen. Aber wer in Gottes Hand ist, darf auch auf seine Hilfe vertrauen. – In Ifakara herrschte in jener Jahreszeit eine beinahe unausstehliche Hitze. Fast jeder Schritt treibt einem den Schweiß aus allen Poren. Mich plagte die Hitze besonders, weil ich gerade aus der kalten Schweiz in die heißeste Zeit – bei etwa 40 Grad Temperaturunterschied! - hineingerutscht war. So war ich froh, dass ich der „Hölle“ schon am folgenden Tag entfliehen konnte.*

Gaudium beim Kisuaheli-Lernen in Igota

Nach einem kurzen Rundblick im Lepradorf, im Spital und im Tropen-Forschungs-Institut – in Ifakara - wurde ich am andern Tag von meinem erster Pfarrer, Br. Celsus Stöckli, in Ifakara abgeholt und nach Igota gebracht. Unterwegs habe ich schon die ersten Suaheli Wörter „genossen": „Jambo?, habari gani?..." (Grußworte). Zu dieser Jahreszeit, lag die Ulanga-Ebene mehrere Kilometer weit unter Wasser. Zum ersten Mal bestieg ich einen Einbaum. Unglaublich! Mit mindestens 15 „Insassen" und viel Bagage fuhren wir gemächlich über den Ulanga. Zuerst ging es langsam und lange dem Ufer entlang stromaufwärts, bis die kundigen Lenker eine günstige Passage und den richtigen Ankerplatz anpeilen konnten. Vorsicht war gefordert, denn wir mussten den Fluss überqueren, wo er weniger reißend war, und wo vermutlich keine heimtückischen Flusspferde auftauchen. Da und dort sahen wir sie aus dem Strom äugen, aber sie haben uns nichts angetan. Nach etwa 70 Minuten war das Abenteuer vorbei. Am andern Ufer hatte Celsus seinen „Haflinger" - ein kleines Geländeauto - von Mitbrüdern verächtlich „Klo-Kiste" genannt - abgestellt. Nach einer Stunde erreichten wir Igota, meinen vorläufigen Einsatzort, wo ich unter Celsus' Führung 6 Monate verbringen sollte. Hier lernte ich eifrig die Landessprache (Kisuaheli) und sammelte meine ersten missionarischen Erfahrungen. Fast Tag und Nacht machte ich Sprachübungen: Die Brüder Celsus Stöckli, Remigius Achermann und Werner Fischer halfen mir beim Sprachstudium. Schnelle Fortschritte machte ich mit den Kindern, vor allem in der Schule, wo ich hineinsitzen durfte, angefangen in der 1. Klasse: Baba, mama, dada, kaka, bubu, bibi, mimi, sisi, dudu, kuku, yeye, wewe..., einfache Grundwörter wurden taktmäßig mit dem Lehrer und den Kinder skandiert. Nach der Schule ging das Sprachspiel mit den Kindern weiter. Oft nannte ich einfach ein Ding mit irgend einem Namen, damit man mich lachend korrigierte und das richtige Wort vorsagte. Hie und da habe ich Worte absichtlich falsch hingeplappert, was dann - um so lauter - lachend - korrigiert und schließlich mit Applaus quittiert wurde, wenn ich es richtig zustande brachte. So hatten wir alle das Gaudi dabei! In der Maiandacht habe ich jeden Abend eine Lesung (in Suaheli) vorgetragen. Von Tag zu Tag ging es besser! Vor Christi Himmelfahrt verbrachte ich meine ersten Stunden im Beicht-

stuhl. Nach dem schnellen Fortschritt im Sprachstudium, habe ich mir in den Kopf gesetzt, nach 3 Monaten die erste einfache Suaheli-Predigt zu halten. Ich versuchte, einen Gedanken aus dem Evangelium mit ein paar kurzen Sätzen auszudrücken, und erweiterte täglich meinen noch eng begrenzten Wortschatz.

Dichtung oder Wahrheit?

Zufällig dufte ich ausgerechnet am gleichen Ort meine Arbeit beginnen, wo mein Vorgänger, Manfred Suter, viele Jahre als Pfarrer wirkte, und wo er im Jahr 1954 seinen Lebensweg beschlossen hatte. Er war nicht nur ein eifriger Seelsorger, sondern auch ein guter Jäger. Er erachtete es als seine Pflicht, den Einheimischen gelegentlich etwas Fleisch zu verschaffen. Zudem gab es im nahen Fluss gefräßige Flusspferde, die nachts den geplagten Reisbauern die Felder abweideten und verwüsteten. Da musste + Br. Manfred immer wieder mit seiner Knarre eingreifen und die Leute von diesen „Räubern“ befreien. Darum hatten diese Tiere eine Wut auf den Jäger. Als ob sie sich rächen wollten, haben die Flusspferde in der Nacht nach seiner Beerdigung auf dem Friedhof das frische Grab ihres Erzfeindes zertreten. Es ist unglaublich, was Tiere für einen Instinkt haben!

Ein anderes höchst merkwürdiges Faktum stellte uns immer wieder neu vor ein Rätsel: Im April, zur Hochregenzeit, hörten wir an mehreren Abenden, etwa um 22.00 Uhr einen Löwen brüllen. Das Brüllen war zuerst gewaltig, wurde nach und nach leiser, bis man nichts mehr hörte. Zuerst machte er jeweils eine Runde um den Friedhof. Dann zog er hinter der Kirche weiter in Richtung Ulanga Fluss. Dass er den Friedhof umrundete wollte ich nicht glauben. Wunderbares Jägerlatein! dachte ich und lachte darüber. Tatsächlich wurde mir der Beweis erbracht, als man mir die Löwenspuren zeigte. Daraus entwickelte sich dann beim Volk der Glaube, der Löwe werde vom Pfarrer gerufen, damit er den Friedhof beschütze. Das war natürlich nicht der Fall. Immerhin wagte niemand auf dem Friedhof nach Knochen zu graben, um sie als Zaubermittel zu missbrauchen.

Von Igota nach Sali

*Unerwartet traf Br. Victorian Beytrison (Regularoberer) mit Br. Jesuald Loretz in Igota ein. Er wollte Br. Cyprian Zahner, (aus dem Heimaturlaub kommend) nach Sali bringen, um dort für 3 Monate Jesuald - der unterdessen an verschiedenen Orten Exerzitienkurse halten sollte - abzulösen. Aber als Cyprian diese Zwischenkur „dankbar" ablehnte, musste er von Jesuald folgende Antwort hören: „So, Paterrr Cyprrian! Gehorrsamsverrweigerrrerrr!?" Diesen Warnruf stellte er mit so hoher, kreischender Tonlage, die „r" hart reibend, in die Luft, dass es mir bis heute in den Ohren nachhallt. Da wurde halt „meine Wenigkeit" gefragt, ob ich die folgenden 3 Monate - vor meiner geplanten Mutation nach Bukoba - in Sali verbringen möchte. Meine spontane Antwort lautete: „Hier gefällt es mir sehr gut, aber wenn nötig gehe ich auch gerne nach Sali, um mich dort weiter in die Sprache und Bräuche das Landes einzuarbeiten." Cyprian war glücklich, dass ich **ja** sagte und er nicht nach Sali gehen musste. So packte ich meine Sachen zusammen und fuhr am gleichen Tag mit Victorian nach Kwiro, Mahenge, wo ich anderntags vom Sali-Pfarrer, Br. Emanuel Moussoult (holländischer Kapuziner) abgeholt und in die Sali-Berge gebracht wurde.*

Drei Monate in Sali

*In **Sali**, konnte ich unverzüglich in der Seelsorge mithelfen: Eucharistiefeiern, Taufen, Beichthören, Hausbesuche, Büroarbeit... Schon am 1. Sonntag, am 6. Juni, getreu meinem Vorsatz, versuchte ich es dort mit meiner ersten Suaheli-Predigt, mühsam abgefasst in kurzen Sätzen, korrigiert von einer einheimischen Schwester.*

Niemand hat mich ausgelacht, obwohl die ganze Geschichte etwas holperig tönte. Aber es war für mich mit meinem Kisuaheli ein hochwichtiger Schritt für meine sprachlichen Fortschritte. Von da an ging es beinahe spielerisch aufwärts.

Die Bergwelt und das Klima von Sali sind sehr angenehm. Es gibt dort immer frisches, gesundes Quellwasser. Sali liegt auf 1000 m, am Fuß von zwei Bergen, die man etwa mit der Rigi und dem Seelisberg vergleichen könnte. Nicht umsonst wird diese Gegend „kleine Schweiz" ge-

nannt. Es wird von unsern „überhitzten" Missionaren und Entwicklungshelfern gerne als Ferien- und Erholungsort genutzt. Die Einheimischen - die Wapogoro – sind gastfreundlich und umgänglich. Sie haben sofort mein Herz erobert und ich das Ihre. Aber die 3 Monate waren all zu schnell vorbei und ich musste weiter ziehen. Beim Abschied hegte ich die stille Hoffnung, wieder einmal in Sali zu landen. Denn Sali ist zu schön, um es schnell satt zu haben.

Von den Wapogoro zu den Wahaya

Am 1. Sept. 1964 holte mich mein neuer Pfarrer, Br. Theophor Regli in Sali ab. Br. Emmanuel brachte uns mit dem Land Rover nach Ifakara. Von dort nahm uns Br. Beda in seinem Mtimbira-Lastwagen mit nach Dar es Salaam (ca. 450 km). Mit der Eisenbahn gelangten wir dann in zwei Tagen via Morogoro – Dodoma - Tabora nach Mwanza (1140 km). Dort bestiegen wir das Fähre-Boot „Viktoria" (800 Passagiere). Es trug uns in angenehmer, 7-stündiger Fahrt über den Victoriasee, der doppelt so groß ist wie die Schweiz, nach Bukoba. Wir übernachteten in Bunena, wo ich meinem Bischof Laurean ***Rugambwa,*** *dem ersten schwarzen Kardinal, vorgestellt wurde. Er hat mich sehr freundlich begrüßt und gesagt, er wünsche, dass ich die Stammessprache* ***Kihaya*** *gründlich lerne. Er werde mich über deren Kenntnis mit einem Examen prüfen lassen. Also war mein erstes Ziel: Kihaya büffeln!*

Neue Umgebung neue Sprache, neue Lebensweise

Am folgenden Morgen, am 10. September 1964 holte uns Br. Gustav Nigg, (Landeskommissar der FLG Tanzania) in Bukoba ab. Er brachte uns nach ***Ishozi,*** *meinem Einsatzort (18 km nördlich von Bukoba). Ursprünglich war ich als Nachfolger von Br. Gustav vorgesehen. Aber mein Pfarrer (Theophor) betonte die Notwendigkeit der Seelsorge in der jungen, grossen Pfarrei. Er brauchte dringend einen Vikar. Er führte mich fachkundig und eifrig in diese Aufgabe ein. Ich freute mich an meiner Arbeit: Seelsorge, Hausbesuche, Religionsunterricht in den oberen Pri-*

marklassen in Kisuaheli, bei gleichzeitigem Studium von Kihaya. Das war meine 3. Fremdsprache innert einem Jahr! Alles als Autodidakt! Es bestand die akute Gefahr von Sprachsalat!? Die ersten Monate waren hart. Ishozi ist Teil des alten Königtums „Kiziba". „Kihaya" ist eine königliche Sprache. Sie ist viel schwieriger als Kisuaheli, aber für mich ist sie wunderbar: Wohlklingend, eigenständig, sehr präzise, mit reinen Bantu-Elementen, fast alles wird verbal ausgedrückt. Das Verb hat sehr differenzierte, exakte Formen. Es braucht viel Zeit, bis man die Sprache korrekt anwenden kann, aber der Aufwand lohnt sich. Es gibt je verschiedene Formen der Vergangenheit für heute, gestern und früher; ebenso für die Zukunft: Heute, morgen, übermorgen. Im abhängigen Satz hat das Verb sehr abweichende Formen von jenen des Hauptsatzes. Es gibt auch noch viele spezielle königliche Ausdrucksformen. Die Wahaya brauchen sehr wenig Abstrakta und nur wenige Lehnwörter. Sie haben einen reichen Schatz an aussagekräftigen Sinnsprüchen. Wenn man sie richtig versteht und sie in die Rede einflechten kann, leuchten die Augen der Zuhörer. Für das Erlernen dieser Sprache brauchte ich viel Zeit, Kisuaheli fiel mir leichter. Allmählich gelang es mir, alles richtig einzuordnen und auseinander zu halten. Fremdsprachen gehören zu meinen Hobbys! Wie gewohnt lernte ich auch diese Sprache im lockeren Umgang mit Kindern. In diesen ersten Monaten machte ich zusammen mit Br. Theophor Familienbesuche in den 18 Dörfern der Pfarrei. Groß war meine Freude, als ich nach ein paar Monaten endlich meine ersten Predigten in Kihaya einigermaßen verständlich hinbrachte. Die Leute sind rücksichtsvoll und lachen nicht wegen eines falschen Wortes.

Die Umgangsformen sind sehr vornehm - besser gesagt – sehr feierlich. Wenn ein Gast sich einem Haus nähert, hört man schon von ferne den Willkommgruß: „Sei willkommen!" Nach ein paar Schritten ruft der Gastgeber: „Sehr willkommen!" Vor dem Eingang heißt es noch freundlicher: „Sei ganz herzlich willkommen!" Ohne weitere Worte wird man in den Vorhof des runden Hauses begleitet. Auf einem Höcker oder auf dem sauber ausgelegten Gras wird ein Tuch ausgebreitet. Man wird zum Sitzen eingeladen. Erst jetzt, wenn sich der Gast niedergetan hat, beginnt die eigentliche Begrüßung. Selbst, wenn ich aus Unkenntnis zu plaudern beginne, bekomme ich keine Antwort. Also muss ich ruhig abwarten, bis der oder die Hausbewohner kniend dem Gast die Hände (beide Hände, der ganze Mensch!) reichen. Dann kommt zuerst die Anteilnahme an meinen Mühsalen auf der Reise. Nun wird nach meinem Befinden ge-

fragt, ob ich gut geschlafen habe, ob ich gesund sei, was ich auf dem Weg erlebt habe, wie es meiner Mutter, meinen Angehörigen und Freunden gehe, und ob es auch sonst allen gut gehe, und ob ich noch andere Nachrichten mitteilen möchte. Erst jetzt, nach dem länglichen Dialog kommt man zur Sache. Ähnlich geht es zu und her auf der Straße, wenn ich das Autofenster öffne und schnell etwas fragen möchte: Ich bekomme keine Antwort bis diese feierliche Begrüßung vorbei ist. Wenn ich jemandem einen Besuch abstatte, erhalte ich ein kleines Ehrengeschenk. Das können ein paar – besonders präparierte - Kaffeebohnen (zum Kauen) sein. Sie werden feierlich auf einem Tellerchen präsentiert und mit schneeweißen Papyrusfasern garniert. Wer immer dies herbringt, reicht es nicht mit einer ausgestreckten Hand, sondern immer mit beiden Händen und mit einer Kniebeuge. Wird mir eine Münze oder ein Geldschein geschenkt, wird er fein säuberlich in Papyrusbast eingewickelt. Wenn mir jemand einen Korb mit Früchten oder eine Kalabasche mit Bananenbier schenkt, wird der Korb oder die Kalabasche mit Bananenblättern umwickelt und mit Papyrusfasern verziert. Dann wird das Geschenk feierlich überreicht, mit der Bemerkung: „Stelle es ab, wir werden es dir nach Hause bringen“.

Das Klima, (auf 1220 m ü M), ist gesund, aber nicht ganz frei von Malaria. Die Hügellandschaft am Viktoriasee mit den immergrünen Bananen- und Kaffeefeldern ist sehr gefällig und fruchtbar. Der riesige Hochland See ladet zum Baden und Schwimmen ein, ist aber leider von Bilharzien befallen, welche die gefürchtete tropische Wurmkrankheit Bilharziose verursachen. Ich selber wurde zweimal davon angesteckt. Jedes Mal musste ich mich - im Urlaub - im Tropenspital Basel einer speziellen Behandlung unterziehen.

Ishozi ist eine junge Pfarrei, die 1962 von Br. Theophor und Br. Gustav Nigg als Neugründung übernommen wurde. Als ich dort ankam, war gerade die Kirche fertig und eingeweiht. Nur die Bänke fehlten noch. Jahrelang musste hierfür Geld gesammelt werden. Unterdessen saßen die Gläubigen auf dem mit Gras belegten Betonboden. Das Gras wurde an jedem Wochenende von Frauen ausgeschüttelt, um es möglichst sauber und frei von Flöhen zu halten. Dann wurde es wieder gefällig ausgelegt. Endlich, nach drei Jahren, wurden die ersten Bänke eingebaut. Weil viele ihr Soll noch nicht beglichen hatten, mussten wir die „Schafe von den Böcken“ trennen. Uns Schweizern war diese Methode höchst peinlich. Die einheimischen Priester und Kirchenräte fanden es richtig und ge-

recht, dass nur jene die Bänke benützen durften, die ihre Beiträge vollständig abgeleistet hatten. Man war der Überzeugung, dass nur so die Schlaumeierei überwunden werde. Die Saumseligen mussten also hinter den Bänken auf dem Boden sitzen. Tatsächlich hatten wir dann schon bald das nötige Geld für die restlichen Bänke beisammen.

Leben und Wirken in Ishozi

Zu dritt führten wir eine ideale Hausgemeinschaft. Wir kamen täglich zur gemeinsamen Meditation zusammen und beteten und sangen das göttliche Offizium (Brevier-Gebet).

Die Arbeits- und Lebensweise und die Kost der Wahaya war für uns gewöhnungsbedürftig: Täglich gab es ***Bananen****gerichte (geschmacklich unsern Kartoffelgerichten ähnlich), ab und zu mit Fleisch oder Fisch, öfters aber mit* ***Bohnen****, Erdbohnen oder Erdnüssen gemischt, immer sehr gut gewürzt. Daneben hatten wir eine Fülle von Früchten aller Art. Wir verfügten über kein Quellwasser, hatten aber einen großen Tank, um das Dachwasser aufzufangen. Natürlich haben wir alles Trinkwasser abgekocht und filtriert.*

Die „Weißen Väter“ (heute „Afrika Missionare“ genannt) waren wie im benachbarten Uganda die ersten Glaubensboten dieses Gebietes und haben die Christen von Anfang an zur Mitverantwortung erzogen. Darum war der Unterhalt der Missionare längst zu ihrer pflichtgemäßen Gewohnheit geworden. Es gab in der Pfarrei einen „Nährvater“, der unsern Unterhalt organisierte. Jedes Dorf brachte der Reihe nach Woche für Woche die Nahrungsmittel: Bananen und andere Früchte, Kaffee, Zucker, Gewürze, Fleisch, Fisch, Bohnen..., je nach Bedarf. Wenn wir Gäste hatten, brachten sie „automatisch“ mehr.

Br. Gustav ist todkrank

Nach Ostern 1965 übergab mir Theophor das Pfarramt, und trat – nach 7 Jahren - seinen ersten Heimaturlaub an. In der Zwischenzeit hatte ich einen ugandischen Vikar, P. Apollinaris Kiddawalide. Zusammen planten wir eine anspruchsvolle, arbeitsintensive Seelsorgearbeit, eine Art

Volksmission in der ganzen Pfarrei. Zuvor aber kam ganz unerwartet ein großes Problem auf uns zu: Br. Gustav erkrankte ganz plötzlich an Gürtelrose. Die Lage verschlimmerte sich in kurzer Zeit. Ich gab ihm die hl. Krankensalbung. Er sollte so schnell wie möglich in Spitalpflege gebracht werden, aber wie? Wir hatten einen Land Rover, das einzige Auto in der ganzen Pfarrei, und niemand war fahrtüchtig. Nur der Schwerkranke hatte einen Fahrausweis. Wir fürchteten seinen nahen Tod. Da schickte ich einen Radfahrer als Boten nach Bukoba (18 km), zum Generalvikar, mit der Anweisung, Bukoba ja nicht zu verlassen, bis er jemanden per Auto losfahren sah, um Br. Gustav zu holen und ins Spital nach Kagondo zu bringen. Nach 3 Stunden war Gustav bereits in der Obsorge der deutschen Ärztin, Dr. M. Bundschuh. Sie bestätigte dann die Dringlichkeit, mit dem Vermerk, dass er ohne ihren raschen Eingriff in der gleichen Nacht gestorben wäre. – Am folgenden Tag setzte ich mich erstmals selbst ins Auto hinters Steuer, machte vor der Pfarrkirche ein paar Proberunden und fuhr los in Richtung Bukoba. Auf halbem Weg ließ ich das Auto stehen, bestieg den Postbus, um in der Stadt den L-Ausweis zu holen. Am Nachmittag begab ich mich per Bus zum Auto zurück. Nach kurzer Fahrt überraschte mich eine Panne. Ich war ganz allein, kein Mensch auf der Straße und kein Haus in der Nähe. Werkzeug befand sich im Wagen, leider aber fehlte der Wagenheber. Zum Glück führte ich ein Buschmesser, eine Axt und zwei Ersatzräder im Auto mit. So konnte ich wenigstens einen Baum fällen, und damit das Auto heben und das Pannenrad wechseln. Nach ein paar hundert Metern war auch das Ersatzrad platt. So musste ich nochmals zurück, den Baum herschleppen und das andere Ersatzrad einwechseln. Am andern Tag haben wir beide Pannenräder geflickt. Eine Woche später fuhr ich sehr früh morgens, um einer etwaigen Polizeikontrolle zu entgehen, nach Bukoba. Ich wollte mich der Fahrprüfung unterziehen, nicht wissend, dass vor dem Test mindestens 30 Tage Lehrzeit vorausgehen müssen. Also warten! Ein „Weisser Vater“ hat mich dann am späten Abend aus der Stadt begleitet, bis ich keine Polizeikontrolle mehr riskieren musste, und ließ mich allein heimfahren. Als die 30 Tage um waren, machte ich in Bukoba – erfolgreich - die Prüfung. Ein paar Tage danach durfte ich den staunenden Rekonvaleszenten, Br. Gustav selber in Kagondo abholen und nach Ishozi führen.

Erschöpfung und Malaria

Nun war die geplante Volksmission an der Reihe. Ein sehr arbeitsreiches Pensum wartete auf uns: P. Apollinaris und ich hatten alles sorgfältig geplant. In allen 18 Dörfern der Pfarrei war je ein Tag mit vollem Programm vorgesehen. Wir haben angefangen mit einer Einführungsansprache. Dann folgten eine Bußandacht, Beichthören, Taufen, Eucharistiefeier und Predigt und Dankgebet. Zum Schluss folgte ein Austauschrunde über Erfahrungen, Probleme und Fortschritte im entsprechenden Dorf. Jeden Abend musste ich im Büro noch alle wichtigen Ereignisse, Taufen, Probleme, Anliegen und Wünsche, schriftlich festhalten, und die Arbeit für den folgenden Tag vorbereiten. Am Anfang half der Vikar mit. Wegen eines Todesfalles musste er unerwartet nach Uganda reisen und mir allein die ganze Arbeitslast überlassen. Ich spürte an mir den allmählichen Kräftezerfall wegen eines Malariaschubes. Ich wollte aber unbedingt die ganze Arbeit zu Ende führen. Ich habe bis zuletzt durchgehalten, war aber am Schluss total „am Rumpf". Ich konnte gerade noch mit größter Mühe mit dem Motorrad nach Mugana ins kleine Spital zu den italienischen Canossa Schwestern fahren und mich ihrer liebevollen Pflege überlassen. Sr. Carolina hat mich wie ein Engel umsorgt und wieder auf die Beine gestellt. Schon nach zehn Tagen durfte ich heim, wo ich bald wieder zu Kräften kam. Die Schwestern stammten von Oberitalien und leisteten hervorragende Arbeit, vor allem im Krankendienst und in der Weiterbildung der Frauen in Kochkunst, Hauswirtschaft, Kindererziehung und Hygiene. Ich durfte ihre vorbildliche Arbeit später in Dar es Salaam erneut erfahren.

Nun konnten wir auch noch den durch Theophors' Urlaub unterbrochenen Bau der Pfarreihalle weiter führen und glücklich vollenden. Als er gegen Ende 1965 vom Heimaturlaub zurück kam, war alles fix und fertig. Nun konnte Theophor wieder mit neuem Elan als kompetenter Steuermann seines Amtes walten. Unter anderem setzte er sich auch eifrig ein für die Frauen. Er organisierte für sie Bildungskurse und Aktivitäten in verschiedenen fraulichen Verantwortungsbereichen. Diese erfolgreiche Arbeit erregte die Missgunst gewisser Leute. Eines Tages erschien der Bezirksobmann Ali Migeyo. Er rief die Einwohner zu einer großen öffentlichen Versammlung zusammen. Er zitierte den rührigen Pfarrer Theophor und stellte ihn zu einem Verhör vor das Volk. Obwohl Theophor beim zuständigen Regionalchef die Erlaubnis für sein Wirken eingeholt hatte, wollte Ali in zorniger, brutaler Art seiner Arbeit für den Fortschritt der Frauen ein Ende setzen und schrie ihn an: „Wenn Du nicht sofort mit deinen Aktivitäten aufhörst, wirst du meine Macht zu spüren bekommen". Das Volk war empört über diesen grundlosen Eingriff, hinter dem sich auch Christenhass verbarg. Am gleichen Tag wurde dieser Zwischenfall nach Bukoba gemeldet. Als Ali am folgenden Tag sein „Unwesen" in der Nachbarpfarrei weiter trieb, war schon die Polizei (in Zivilkleidung) mit dem Aufnahmegerät auf dem Platz. Seine Aussagen waren nicht weniger gehässig. Da wurde er gleich in Handschellen abgeführt, verurteilt und eingelocht. Theophor wurde ermuntert, seine Arbeit mutig fort zu führen.

Aberglaube und Zauberangst

Zur Zeit von Br. Theophor`s Urlaub wurde Im Dorf Katano eine alte Christin von einem Katecheten beerdigt. Als die Leiche ins Grab gesenkt wurde, munkelte jemand, dass beim Tod jener Frau Zauberei im Spiel gewesen sei. Weil der anwesende gut gläubige Präsident des Pfarreirates jene Bemerkung „ungebührlich" nannte und den Sprecher am Grab rügte, wurde er wegen Ehrverletzung und Beschimpfung verklagt. Das Lokalgericht jenes Dorfteils verurteilte ihn zu drei Mitungi (= Tongefäße zu je 20 l) Bananenbier. Weil der angeklagte Emmanuel die Strafe ablehnte, da er aus christlicher Verantwortung gehandelt und keine Schimpfworte gebraucht habe, hat ihn das Gericht in Acht und Bann gesetzt, verbot ihm Wasser von ihrem Brunnen zu holen, und Kontakte mit den Nachbarn zu pflegen. Bevor er die Strafe vollzogen habe, sei ihm jede Mitarbeit untersagt.

Nun starb ein alter Mann seiner Sippschaft. Emmanuel begab sich zur vorgesehenen Grabstätte in der Bananenpflanzung des Verstorbenen, um beim Ausheben des Grabes mitzuhelfen. Sobald er die Schaufel ergriff, entfernten sich alle andern. Es wurde heftig diskutiert. Als der Streit eskalierte, hat jemand mich herbeigerufen. Man befürchte eine Schlägerei. Ich nahm sofort die nötigen Sachen für die Bestattungsriten mit und fuhr mit der Honda zum Trauerhaus. Unterdessen war auch der zuständige Dorfpräsident (Salim, ein Muslim) gerufen worden und wollte den Toten regierungsgemäß (ohne religiöse Zeremonien) beisetzen. Darum ging ich zuerst ins Trauerhaus. Ich sprach dem verantwortlichen Trauerführer mein Beileid aus und fragte, ob der Tote ein Christ gewesen sei. Er sagte: „Ja, er hat kurz vor dem Tod die Taufe verlangt und sei auf den Namen Josef getauft worden". Also teilte ich dem Obmann Salim mit, der Tote sei ein katholischer Christ gewesen. Darum bat ich, als zuständiger Priester ihn zu bestatten. Das war für ihn und alle Anwesenden die glückliche Lösung. So konnte ich in aller Ruhe die Gebete sprechen und die Bestattung vornehmen. Die streitsüchtigen Nachbarn hielten sich vom Grab fern. Da und dort aber sah man sie neugierig durch den Bananenhain gucken. Alles verlief ohne Schlägerei.

Mit Br. Beda Scherer auf großer Safari

Br. Gustav wollte seinen alten, schwerfälligen Landrover mit einem leichteren Auto ersetzen. Von Dar es Salaam kam die Nachricht von einem gut erhaltenen VW, der billig zu kaufen wäre. Eine abtretende Sekretärin der Schweizer Botschaft fliege im Juni in die Schweiz zurück und möchte ihn verkaufen. Der Handel kam dann problemlos zustande. Als ich dann im Juli für meine Jahresferien nach Mahenge reiste, wurde ich gebeten, den VW nach Bukoba zu bringen. Ich war gerne bereit, aber lieber nicht allein. Br. Beda wollte schon lange gerne nach Bukoba reisen, und freute sich, mit mir diese „Tour de Tanzania" zu unternehmen. Als erfahrener Mechaniker war er ein Garant, dass wir das Gefährt und uns selbst heil nach Bukoba bringen werden. Die Fahrt sollte via Moshi, Arusha, Manyara Wildpark, Rotia, Ngorongoro Krater, Serengeti, Musoma, Mwanza, südlich um den Victoriasee, über Geita, Biharamulo, nach Bukoba führen. Sie erstreckte sich auf über 2500 km. Insgesamt war es eine unvergessliche, bestens gelungene Reise. Zuerst fuhren wir nach Moshi, wo wir im Bischofshaus eine Nacht verbrachten. Den Kilimanjaro zu besteigen, war nicht unsere Absicht, aber sehen wollten wir ihn gerne. Am frühen Morgen zeigte er sich in seiner majestätischen Pracht, mit seiner leuchtenden Gletscherkappe, Kibo genannt. Nach diesem herrlichen Anblick fuhren wir fröhlich weiter in Richtung Arusha. Jeder war voll von vielen neuen und hochinteressanten Erfahrungen. Unterwegs begegneten wir verschiedenen Massai Gruppen mit ihren Viehherden. Das sind stolze Leute, die an ihrer traditionellen Lebensweise festhalten. Der Perlen-

schmuck, die Haartracht und die Kleidung mit ihren bunten Tüchern lassen sie überall als zum Volk der stolzen Massai gehörig erkennen.

Peinliche Episode

Im „Lake Manyara Park“ haben wir am seichten Seeufer eine große Zebraherde gesehen. Wir stiegen aus dem Auto und versuchten von zwei Seiten her die Tiere in den See hinaus zu drängen. Aber die flinken Wildpferde ließen sich nicht überlisten. Dabei sind wir selber in Bedrängnis gekommen. Als wir den Zebras den Fluchtweg abschneiden wollten, gerieten wir blindlings in bodenloses Gelände und sind fast brusttief im Schlamm versunken. Mit Mühe konnten wir uns aus dem stinkenden Morast befreien. Mit schallendem Gelächter haben wir uns aus den schmutzigen Klamotten befreit. Es gab kein Wasser in erreichbarer Nähe! Schmutzig und stinkend, wie wir waren, haben wir unsere Fahrt fortgesetzt, begleitet vom „erfrischenden Duft“! Am Abend konnten wir dann in der „Safari Lodge“ unser Zimmer beziehen und uns erfrischen. Am andern Morgen haben wir das Hotel verlassen und unsere schmutzigen Kleider in einem Nebenraum vergessen. Nach ein paar Tagen wurden uns die Sachen sauber gewaschen und gebügelt kostenlos zugeschickt. Eine erfreuliche Erfahrung!

Schon lange haben wir uns auf das großartige Naturwunder gefreut. Heute ging endlich unser Wunsch in Erfüllung. Zuerst genossen wir die unbeschreibliche Rundsicht in den Ngorongòro Krater hinunter. Das ist einfach grandios. Fast tausend Meter tief drunten zeigte sich die grüne, 15 km weite Steppe des Kraters. Schon von oben sahen wir riesige Herden von Büffeln, Gnus und Zebras. Dann fuhren wir den holperigen Karrweg hinunter in die Ebene. Da gab es eine Menge von Tieren aller Art, die ungestört ihre Freiheit genießen durften. Sie ließen sich von den Autos der schaulustigen Touristen nicht aus der Ruhe bringen. Manche blieben stehen und ließen sich bewundern und fotografieren. Wir sahen Elefantengruppen, Gazellen verschiedenster Art, Löwen, Nashörner, Hyänen, Füchse, Affen, Vögel in reichster Vielfalt. In einem kleinen See tummelten sich Flusspferde zu Dutzenden. Dort machten wir unter einem riesigen Affenbrotbaum unsern Imbiss-Halt. Als ich arglos auf einem Stein saß und gestikulierend auf ein auftauchendes Flusspferd zeigte, schnappte mir ein frecher Raubvogel blitzartig mein ganzes Sandwich aus der Hand! Ich war nicht der Einzige, dem das passierte! - Erstaunlicherweise gibt es im Krater eine Massai Siedlung. Wie ist das möglich mitten unter so viel tausend wilden Tieren? Man denke an die Löwen und Hyänen! Offenbar sind die gierigen Räuber nicht auf ihre Rinder, Ziegen und Schafe angewiesen. Die Massai geben natürlich ihr Vieh nicht unbewacht gleichsam „gratis“ den Löwen zum Fraß.

Seronera im Serengeti Wildpark

Am späten Nachmittag fuhren wir hoch zum Kraterrand. Nach einem letzten Rundblick auf das einzigartige Naturwunder, wandten wir uns dem nahen Serengeti Wildpark zu. Das ist ein weiteres wunderschönes Urschöpfungswerk Gottes, wo sich Abertausende von Tieren frei und ungestört bewegen, wo die Natur ohne menschliches Eingreifen wachsen und sich entfalten kann. Wieder wurden wir beglückt von abwechslungsreichen, weiten Landschaften, von vielen Tieren und Pflanzen verschiedenster Art. Unzählige Gazellen erfreuten uns mit ihren graziösen Sprüngen. Einige flogen in hohem Bogen vor uns über die Straße. Wir bewunderten die vielen Arten von Großwild auf freier Bahn, im Busch oder auf der Straße. Ab und zu musste man anhalten und warten, bis die Tiere feierlich den Weg überschritten hatten. Am Abend erreichten wir die „Seronera Lodge“. Da wir im Hotel keine Unterkunft fanden, „logierten“ wir halt so bequem wie möglich im VW. – Nach stundenlanger Fahrt durch den endlosen, aber nie langweiligen Serengeti Park, gelangten wir am folgenden Nachmittag nach Musoma, dem Geburtsort des ersten tanzanischen Präsidenten, Julius Kambarage Nyerère. Im zauberhaften Abendlicht erglänzte der Victoria See. Er ist doppelt so groß ist wie die Schweiz. Am nächsten Morgen fuhren wir gemächlich südwärts, immer wieder die zauberhafte Sicht auf den See genießend. Am Nachmittag trafen wir in der Provinzhauptstadt Mwanza ein. Dort besuchten wir die Klarissen, machten dann einen Stadtrundgang und fanden beste Gastfreundschaft beim Bischof Renatus Butibubage. Wir wussten, dass der nächste Tag viel von uns abfordern wird. Darum brachen wir schon bei Zeiten in Mwanza auf, um vor dem großen Ansturm die Fähre zu erreichen. Wir bestiegen als Erste das Fähreboot, das uns über die Seezunge setzte. So gelangten wir schon am frühen Vormittag nach Geita.

Nach einer schmackhaften Stärkung in Biharàmulo gönnten wir uns eine Stunde Mittagsruhe. Dann fuhren wir gemütlich dem Viktoria See entlang nordwärts. Wir machten nochmals eine Verschnaufpause in Kijwire und kamen noch bei Tageslicht – müde – aber gesund und glücklich in Ishozi an. Auf der ganzen Reise hatten wir nicht die geringste Panne mit unserem VW. Br. Gustav strahlte beim Empfang seines neuen Gefährtes.

Von Ishozi nach Kagondo

Im Juli 67 übernahmen wir Kapuziner das Kloster ***Kyegoròmora*** *bei Kagondo. Kardinal L. Rugambwa hat uns das Haus der aussterbenden diözesanen Herz-Jesu Bruderschaft angeboten. Zwei der fünf verbliebenen Profess Brüder haben sich unserem Orden angeschlossen und sich als vorbildliche Kapuziner erwiesen. Ich habe dort mit zehn jungen Kandidaten angefangen. Einige haben bis heute durchgehalten.*

Diplomkurs in Gaba - Uganda

Vom Jan. – Dez. 1968 hatte ich eine Auszeit zum Studium in Pastoraltheologie, Katechese, Liturgie und Spiritualität im ***Gabainstitut****, (der Gregoriana in Rom angeschlossen) in Kampala,* ***Uganda.*** *Es war für mich ein wichtiges und hochinteressantes Jahr mit besten Professoren (P. A. Shorter, P. H. Heuthorst...) und Gastlektoren (P. B. Häring, P. A. Hastings, P. A. Hofmann, P. B. Joinet,...) aus aller Welt, dazu Studenten und Studentinnen aus zwölf afrikanischen Ländern. Schwerpunkt war die nachkonziliare Theologie. Meine Diplomarbeit über das ständige* ***Diakonat*** *in der Kirche Afrikas wurde von P. Aylward Shorter WF moderiert und lobend begutachtet. – Nach dem Studienjahr in Uganda folgte mein erster Heimaturlaub.*

Heiliglandreise und Heimaturlaub

Vom 12.-24. Dez. 68 durfte ich meine erste ***Heiliglandreise*** *machen. Ich konnte sie durch eine kompetente Reiseagentur (in Kampala) mit dem*

Flug in meinen ersten Heimaturlaub kombinieren und organisieren lassen. Israel war für mich eine sehr bereichernde Erfahrung. Das Leben Jesu wurde mir mit neuer Tiefe in die Seele eingeprägt. Von Tel Aviv flog ich mit der Swissair in die Schweiz. Als ich in Kloten landete, begann es heftig zu schneien. In der Heiligen Nacht musste ich auf dem Weg zur Christmette – in der Pfarrkirche von Ruswil - durch hohen Schnee waten. Es gab am 24. Dez. 60 cm Neuschnee. Für mich war diese weiße Pracht wieder einmal ein tolles Erlebnis. – Mein Stammkloster im Urlaub war Sursee. Von dort aus besuchte ich meine Verwandten und Freunde. Einige Male reiste ich nach Basel, um im Tropeninstitut die nötigen Untersuchungen und medizinischen Behandlungen machen zu lassen.

Skiunfall in Lungern

Im Erholungsheim St. Josef in Lungern habe ich (im Febr./März 1969) während der Ferien von P. Gratian Hunziker ein paar Wochen ausgeholfen. Dort hat mir ein netter Feriengast ein paar Ski – mit aller Ausrüstung - geleast und die Seilbahnen ins wunderschöne Skigebiet Schönbühl bezahlt. Gerne benützte ich die Gelegenheit, wieder einmal auf den Skiern zu stehen. An einem strahlenden, eiskalten Morgen fuhren wir gemeinsam hinauf. Wir waren die ersten auf der Piste. Sie war noch nicht ausgeglättet. Ich genoss die Fahrt und ließ es richtig sausen. Der Schnee war hart und beschleunigte das Tempo. Auf halbem Weg sah ich plötzlich einen tiefen Graben vor mir. Ich konnte ihn ohne Sturz meistern. Dann aber folgte kurz darauf eine zweite noch tiefere Wanne, die ich zu spät erblickte. Ich wurde ruckartig in die Luft geschleudert, in Rücklage versetzt und auf die eisig-harte Piste katapultiert. Ich landete auf dem Rücken und blieb mit feurigen Schmerzen im Kreuz liegen. Ich konnte nicht mehr aufstehen. Ich löste die Skis von den Füßen. Kriechend erreichte ich schließlich die Bergstation der Kabinenbahn. In Begleitung meines Freundes fuhr ich talwärts. Dort holte mich der Arzt von Lungern ab und führte mich nach Sarnen hinunter ins Spital zur Röntgenstation. Als ich mich als Kapuzinerpater vorstellte, reagierte die Röntgenschwester sauer und machte eine zynische Bemerkung: Es sei für einen Kapuziner ungebührlich, derartigen Vergnügen zu frönen. Sie hat mir dann den Rücken geröntgt aber keinen Schaden festgestellt. Auf ärztlichen Rat musste ich zwei Tage das Bett hüten und flach liegen. Die Schmer-

zen wurden allmählich erträglicher, so dass ich am dritten Tag wieder mit den Kurgästen Eucharistie feiern konnte. Von jener Zeit an bis heute war und bin ich nie mehr ganz schmerzfrei. Ich brauche immer Mittel, um die Schmerzen mehr oder weniger in Grenzen zu halten. Später konnte ich sogar wieder 100-kilo–Säcke heben und buckeln. Als es mit dem Rücken wieder schlimmer wurde, hat mich Dr. Rogenmoser in Ifakara röntgen lassen und an zwei Kreuzwirbeln Risse festgestellt. Weil aber eine Operation nicht viel verheißen konnte, unterließ man bis heute weitere Eingriffe. Man verabreichte mir Schmerzmittel. So geht es mir, Gott sei Dank, gut, so dass ich mit meinem Handicap gut damit leben kann.

Hochzeit und Vollkommene Freude

Im Kloster Sursee durfte ich einmal – im Geiste unseres hl. Franziskus - die vollkommene Freude erleben. Wie kam es dazu? Im April 1969 hielt ich in Fribourg Exerzitien für Erstkommunikanten. Nach getaner Arbeit hatte ich in Luzern einen Termin beim Zahnarzt. Um rechtzeitig meinen Behandlungstermin zu erreichen, musste ich am frühen Morgen – ohne Frühstück – in Fribourg mit dem Zug abreisen. Am späten Nachmittag war ich für einen Hochzeitsgottesdienst eines Verwandten bestellt. Die Behandlung beim Dentisten dauerte wider Erwarten lange. Darum hatte ich keine Zeit für einen Imbiss vor der Busfahrt nach Hellbühl, wo die Familie des Bräutigams, ein Sohn meiner Cousine, wohnte. Dort hoffte ich auf eine Stärkung oder wenigstens auf einen Trunk. Ich wollte nicht aufdringlich sein und wagte nicht zu betteln. Alle waren mit der Vorbereitung auf das Fest beschäftigt und niemand fragte mich nach meinem Hunger und Durst. Man ließ mich einfach sitzen und auf den Reise Car warten, der uns für die Trauung zur Waldkapelle nach Reussbühl bringen sollte. Um 17.00 Uhr feierten wir den Gottesdienst. Als ich die liturgischen Gewänder abgelegt hatte, wurde fotografiert. Anschließend stiegen wir alle in den Car. Auf meine Frage, wohin, hieß es: „Nach Emmetten zum Festessen“. Nun war ich total überrascht und musste mich entschuldigen. Denn ich hatte keinen Kloster Schlüssel und konnte nicht irgendwann in der Nacht von Emmetten nach Sursee reisen. Also ließ man mich in Luzern beim Bahnhof aussteigen. Ich hatte gerade noch genug Geld für das Billet nach Sursee. So schnell wie möglich wollte ich ins Kloster zurück. Es war kurz vor 19.00 h. Bei der Billet Kontrolle im

Zug zeigte es sich, dass ich ein Ticket nach Sarnen hatte. Ich war erstaunt, denn am Schalter hatte ich ein Billet nach Sursee verlangt. Offenbar hat mir die Person am Schalter aus Versehen das falsche gegeben. Der Schaffner verlangte, dass ich bei der nächsten Station aussteigen und meinen Fahrschein austauschen müsse. Das habe ich Emmenbrücke getan. Unterdessen war der Zug weg! Dann musste ich eine „Ewigkeit" lang auf den nächsten Bummler warten. Um 21.15 Uhr läutete ich in Sursee an der Klosterpforte. Nach dem 3. Glockenzug öffnete der erboste Pförtner und empfing mich mit einer giftigen Schelte. Bevor ich ein Wort sagen konnte, fuhr er los: „Typisch für die Missionare, die können sich an keine Ordnung halten!" Als ich ihn um einen Imbiss bat, kam die scharfe Antwort, es sei nichts mehr vorhanden, ich sei selber schuld. Und er ließ mich stehen. Vollkommene Freude!? – In dieser Freude klopfte ich an die Zellentür des gütigen Br. Faustin. Er hat mich fröhlich empfangen und mich in die Küche geführt. Er bereitete mir ein leckeres „Abendmahl" mit Spiegeleiern +... und einer Flasche Bier. Er nahm sich ein Stündchen Zeit für mich, und so genossen wir gemeinsam meinen reich befrachteten Tagesablauf und die große Freude!

Pilgerreise nach Assisi

Das Reisebüro in Kampala hatte mir - zu meinem Erstaunen - ein Flugticket über Entebbe – Nairobi – Tel Aviv – Zürich – ***Basel – Paris – Poitiers*** *ausgestellt. Auf meine Rückfrage, kam die Antwort: „Bei längerer Flugdistanz erreichen Sie eine günstigere Preisklasse und größere Abweichmöglichkeiten von der Hauptreiseroute. Ob Sie dorthin fliegen wollen, steht Ihnen frei. Ich bin tatsächlich nach Poitiers geflogen und habe dort die Kapuziner besucht. Anderntags reiste ich via Genua weiter nach Assisi. Im Zug habe ich mit einem lieben italienischen Gastarbeiter Bekanntschaft gemacht. Von Assisi aus besuchte ich ihn in Spoleto, wo er mich am Bahnhof abholte und zu seiner Familie eingeladen hatte. In Assisi gab es für mich jeden Tag neue fruchtbare Entdeckungen. Es war meine erste Pilgerfahrt in unsere franziskanische Urheimat.*

Zurück nach Kyegoròmora – Bukoba

Die Pfarrei Ishozi wurde den einheimischen Diözesanpriestern übergeben. Nach Kardinal L. Rugambwa`s Wunsch hätte ich in seinem Bistum Bukoba ein Ausbildungszentrum für Katecheten anfangen und leiten sollen. Der Regularobere, Br. Victorian, hatte jedoch andere Pläne und Aufgaben für uns bereit. Br. Gustav Nigg wird in Ifakara als Spitalseelsorger wirken. Br. Theophor wurde Guardian im Kloster Kyegoròmora und mir wurde im Juni 1969 das Amt eines Postulanten Meisters übertragen.

*Zur gleichen Zeit wirkte ich als Seelsorger von **Bumbìre**, einer kleinen Insel im Viktoriasee, die lange Zeit unbesiedelt war. Zur britischen Kolonialzeit wurde die Insel als Gefangenenlager benutzt. Allmählich haben sich an Stelle der Sträflinge andere Bewohner, vor allem Fischer und Kaffeepflanzer angesiedelt. Ich habe dort ein paarmal die Christen in den zerstreuten Siedlungen besucht. Es lebten dort etwa 400 Einwohner (ohne Priester). Die Insel hat keine Fahrwege. Sie lässt sich mit dem Motorboot in ca. 2 Stunden erreichen. Die Bewohner brauchen kleine Boote für den Verkehr rings um die Insel.*

Dramatische Seefahrt

Als ich an einem Samstag für den Sonntagsgottesdienst auf der Insel zum Bootssteg kam, war das planmäßige Boot schon fort. Ich war nicht zu spät, aber das Boot war voll und ist abgefahren. Nach längerem Hin-und-Her bot mir jemand eine Extrafahrt an. Ich freute mich und wir tuckerten zu zweit los. Anfangs verlief alles problemlos. Dann fing der Motor zu stottern an. Immer häufiger wurde er heiß und streikte. Wir hatten keine Ruder im Boot. Die einzige Hoffnung war der kranke Motor. Es war stockdunkle Nacht. Der See wurde immer unruhiger. Nach einer halben Stunde, als der Motor etwas abgekühlt war, schafften wir wieder ein paar hundert Meter. Dann setzte der Motor wieder aus. Mit einer Büchse konnte ich das hereinschwappende Wasser hinauswerfen. Die Nacht schien ohne Ende und das Ziel noch in weiter Ferne, aber wir kamen immer wieder ein Stück weiter. Ich hatte keine Ahnung, wo wir waren und wie es weiter gehen sollte. Endlich sahen wir ein Lichtlein und irgendwann, nach Mitternacht fanden wir den Anlegeplatz. Dort befand sich das Lagerhaus für den Kaffee. Ein Nachtwächter teilte mit mir den kalten Rest seines Nachtessens. Er ließ mich dann neben seinem Bett auf dem nackten Fußboden etwas ausruhen. Aber schon um 3.00 Uhr kamen die ersten Leute, um sich für die Rückfahrt ans Festland im kleinen Boot einen Platz zu sichern. Lärmend standen sie im Lagerhaus um mich herum. Da war es aus mit meiner Nachtruhe. Darum versuchte ich ins Hundehäuschen nebenan zu kriechen. Das wollten die „frommen" Leute doch nicht gelten lassen. Darum verhielten sie sich ruhig und gönnten mir noch ein Stündchen Schlaf. Am Sonntag habe ich dann an zwei Orten die hl. Eucharistie gefeiert. Am Abend freute ich mich an der ruhigen Heimfahrt.

Kyegoròmora lag in einer fruchtbaren Talsenke, umgeben von Waldstreifen. In der Nähe floss ein kleiner Bach. Trotzdem hatten wie kein gesundes Trinkwasser. Ein Rutengänger hat in unserem eigenen Areal eine Quelle entdeckt. Wir haben 15 m tief gegraben. Obwohl die Sache vielversprechend aussah, wagten wir nicht mehr tiefer zu graben, wegen akuter Einsturzgefahr. Wir mussten leider die ganze Arbeit erfolglos aufgeben. Es gab in jener Gegend keine Wasserbohranlage.

Diebische Affen

In Kyegoròmora habe ich eine ertragreiche Kaffee- und Bananenpflanzung und ein kleines Maisfeld angelegt. Als der Mais fast erntereif und die Körner noch weich waren, machten die Affen ihre Raubzüge (Paviane und Meerkatzen). Schon längst lauerten sie auf eine gute Gelegenheit. Eines Tages hat eine Affen-Gruppe die Zeit unserer Siesta für ihren Beutezug ausgenützt. In erstaunlicher Zusammenarbeit haben sie es geschafft, fast das ganze Feld abzuräumen. Als wir die frechen Diebe entdeckten, und mit der Flinte eingreifen wollten, gab der Boss auf einem Baum am Waldrand ein Warnsignal. im Nu war die ganze Meute in Sicherheit. - Darauf habe ich im Bananenfeld eine Fallkiste aufgestellt. Schon bald wollte eine Meerkatze (Rhesusaffe) eine Banane angeln, aber die Kiste fiel wie ein Hut über den Dieb und hielt ihn gefangen. Am nächsten Tag gelang uns ein zweiter Fang. Dann aber haben sie die Gefahr erfasst und ließen sich nicht mehr erwischen. Jener zweite Gefangene war zierlich und hübsch. Er gefiel unseren jungen Brüdern so sehr, dass sie ihn behalten und aufziehen wollten. Aber, was geschah!? Unser

„Ehrengast“ konnte in seinem „Salon“ keine Stunde überleben! Denn in einer Ecke stand ein Eisenstab. Als nun das Äffchen aus Angst oder Übermut im Zimmer herumjuckte, hat es den Stab zu Fall gebracht, und zwar so eigenartig, dass das Eisen dem Affen auf den Kopf fiel und ihn auf der Stelle tötete. Br. Gustav hat dann schadenfreudig bemerkt: „Ja ja, so esch es au rächt!“ Damit war das Affentheater zu Ende! Affen sind sehr schlau! Sie wissen genau, wann sie gefahrlos etwas erbeuten können. Sie erkennen auch, wer für sie eine Gefahr sein kann, gleich, wie er sich verkleidet: Grün, gelb, rot oder braun, mit oder ohne Hut. Paviane würden nie einen Mann angreifen. Hingegen kommt es vor, dass sie schutzlose Frauen verletzen.

Novizen-Meister in Kasita – Mahenge

*Ab 24. Dez. 69 bis 8. Nov. 71 war ich in **Kasita, Mahenge** Kandidaten-, Postulanten- und Novizenmeister (in einer Person!). Wir hatten dort etwa 20 - 25 junge Männer. Manche kamen zu uns mit traumhaften Vorstellungen vom Ordensleben. Die meisten besaßen nur sehr ungenügende Grundausbildung. Einige hofften, mit der Zeit, dank unserer gebotenen Weiterbildung, ein Seminarexamen zu bestehen, um so durch ein Hintertürchen wieder höher zu steigen, um ja nicht das ganze Leben **„nur Bruder“** zu bleiben. Wer damit rechnete, auf Umwegen höhere Bildung zu erreichen, wurde abgewiesen. Man munterte sie auf, zuerst den von uns verlangten Bildungsstand nachzuholen, und dann wieder bei uns anzuklopfen. Als ich im Unterricht und im persönlichen Gespräch im erwähnten Sinn Klartext geredet hatte, haben drei Novizen bei Nacht und Nebel das Noviziat verlassen! Es war wohl besser so!*

*Es waren die anfänglichen Krisenjahre! Man musste sich fragen, ob das ganze Unternehmen Zukunft haben konnte. Es brauchte eine Neuausrichtung! – Schärfere Aufnahmebedingungen! – Daraus entstand die berühmte **Kasita-Deklaration! –** Bessere Vorbildung und harte Arbeit waren gefordert.*

Ab und zu fand ich Zeit, an Wochenenden an verschiedenen Orten Aushilfen zu leisten, vor allem in den Filialkirchen der Pfarrei Kwiro, zu der auch Kasita gehörte. Am Fronleichnamsfest 1970 leitete ich in der Pfarrei Luhombèro den Festgottesdienst mit feierlicher Prozession. Da wur-

den wir plötzlich ***von wilden Bienen überfallen****. Alle Gläubigen, auch die Baldachinträger ergriffen schreiend die Flucht, während ich allein mit dem Allerheiligsten in der Monstranz zurückblieb. Ich konnte nicht fliehen und wusste, dass Stille und Ruhe bei solcher Aggression der einzige Schutz war. Zu Dutzenden ließen sich die Bienen auf der Monstranz, auf meinen Kleidern, auf meinem Gesicht und meinen Händen nieder. Ich blieb bewegungslos und gewährte den Geschöpfen das „Niederlassungsrecht". Keine einzige Biene hat mich gestochen. War es Respekt vor mir oder vor dem eucharistischen Herrn, ihrem Schöpfer!?*

Freud und Leid

An Weihnachten 1970 half ich in der Pfarrei Ruaha aus. Am Stefanstag machten wir den Brüdern in Sali einen Besuch. Zu fünft (Gallus, Thomas, Haimo, James und ich) fuhren wir hinauf zu den Brüdern Emmanuel, Balthasar und Beat nach Sali. Auch Br. Vinzenz Burri befand sich für ein paar Wochen als Maurer dort, um einige Räume im Pfarrhaus aufzufrischen. Als wir uns begrüßten, sagte Vinzenz spontan: „Das ist wunderbar! Heute wollen wieder einmal einen Jass klopfen!" Haimo und James blieben in Sali. Wir andern drei kehrten nach Ruaha zurück. Dort hatte ich mein Motorrad und fuhr nach Kasita. An Stelle des Kartenspiels haben Haimo, James und Vinzenz sich zu einer Bergtour auf den Mgongo entschlossen. Nach dem Abstieg waren sie verschwitzt und begaben sich zum grandiosen Wasserfall des Mbezi-Flusses hinunter, zwanzig Minuten entfernt, um sich zu erfrischen. Das Auffangbecken des rauschenden Wassers war tief und für Nichtschwimmer – wegen Sogströmungen - gefährlich und tückisch. Vinzenz wurde gewarnt, er soll sich nicht zu weit hinauswagen; der Boden sei glitschig und plötzlich steil abfallend. Während James und Haimo im tiefen Wasser schwammen, sahen sie plötzlich, wie Vinzenz versank und zappelnd wieder auftauchte, verschwand und nochmals die Hände ausstreckte. Sie versuchten den Ertrinkenden zu fassen, aber konnten ihn nicht in Sicherheit bringen. Vinzenz musste sein junges Leben lassen. Er war 29-jährig. Am späten Abend kam James mit der traurigen Nachricht nach Kasita. Die Polizei von Mahenge und der Entwicklungshelfer Niklaus Högger – ein ausgewiesener Taucher und Rettungsschwimmer - wurden gerufen. Ich fuhr sofort mit Anastas Brantschen, dem Missionsoberen, nach Sali. Um

22.00 Uhr, bei hellem Vollmond, erreichten wir (Polizei, Anastas, Niklaus, James, Haimo, ich und eine große Schar von Neugierigen) den Wasserfall. Högger hätte zu tauchen gewagt, weil der Mond sehr hell leuchtete. Die Polizei aber wollte kein neues Risiko eingehen. Man soll den Morgen abwarten. – Am Morgen zogen wir wieder in Begleitung von Volksscharen zum Wasserfall. Der geübte Taucher Niklaus fand den Körper des toten Vinzenz, hob ihn in drei Schüben empor und brachte ihn ans Ufer. In rührender Anteilnahme und lautem Wehklagen zogen die Dorfbewohner hinter der Totenbahre zur Kirche. Der Tod von Br. Vinzenz war ein großer Verlust für den Orden und die Diözese. Er war ein Mann mit bestem Charakter und hohen Begabungen. Er brachte viel Fachkenntnisse in verschiedenen Berufen mit, und hatte erst vor einem halben Jahr seine Arbeit in Tanzania aufgenommen

Mutation nach Ifinga

Der Bischof von Mahenge und der Regularobere, Br. Donat Müller, suchten einen Pfarrer für eine abgelegene Pfarrei, die bis anhin zur Diözese Songea gehört hatte. ***Ifinga*** *befand sich politisch im Distrikt Mahenge und sollte nun dem Bistum Mahenge einverleibt werden. Die Pfarrei wurde 1935 von einem Schweizer, P. Oktavian OSB von Peramiho aus gegründet. In den letzten Jahren wurde die Pfarrei von den Benediktinern P. Candidus und Br. Alfons betreut. Songea wollte diese Pfarrei schon lange an Mahenge abtreten, wurde aber stets abgewiesen: Von den Bischöfen Edgar Maranta, Elias Mchonde und Nikas Kipengèle. Schließlich hat Bischof Patrick Itèka ja gesagt. Aber wer soll die Pfarrei übernehmen? Niemand soll gezwungen werden! Niemand wollte es wagen, bis ich mich gemeldet habe.*

Safari von Kasita – Mahenge nach ***IFINGA***

Am Sonntagmorgen, am 8.11.71, leitete ich in Kasita die Konventmesse und verabschiedete mich von den Brüdern. Auf meiner Honda fuhr ich schon vormittags ins Tal hinunter in der Hoffnung, um 12:00 Uhr bei den Brüdern in Mtimbìra zu Tisch zu sitzen. Es kam anders! Zwischen Igòta und Iragùa hatte ich eine Panne, das Hinterrad war platt! Ich versuchte vergebens Abhilfe zu schaffen. An der glühenden Sonne saß ich da... und wartete. Nach fast zwei Stunden sah ich eine Staubwolke, endlich ein Auto! Zum Glück war es der Pfarrer von Igòta, der von einer Außenstation heimkehrte. Er nahm mich samt Pannenrad mit, half mir beim Flicken, lud mich zum Essen ein und brachte mich zurück zu meiner Honda. Alles war o.k.! Er entfernte sich und ich fuhr los. Aber, o weh! Wieder war die Luft weg! Total hilflos saß ich am Straßenrand. Ich hatte keine Ersatzflicken mehr. Weit und breit war kein Haus! Kein Auto tauchte am selben Abend auf! Ich schob die Honda ein paar hundert Meter, bis endlich ein Haus in Sicht kam. Dort wurde ich bestens aufgenommen, bewirtet und durfte unter Dach auf einer Pritsche schlafen. Am andern Nachmittag konnte ich endlich einen Lastwagen stoppen. Der Chauffeur war bereit, das defekte Rad bis Mtimbìra mit zu nehmen. Er brachte es zu Br. Werner Fischer, dem Chef der mechanischen Werkstatt, und bat ihn, mir das Rad so bald wie möglich zur Havarie bringen zu lassen. Ich gab dem Chauffeur auch den Rucksack mit, um ihn in Mtimbìra, wo ich nächtigen wollte, abzugeben. Nach geraumer Zeit brachten zwei Lehrlinge von Br. Werner mit dem Töff das reparierte Rad zurück. Aber beim Montieren fehlte uns das Radlager. Also mussten sie nochmals in die Werkstatt zurück! Endlich beim Einnachten war mein Gefährt wieder fahrtüchtig. In Mtimbìra stellte ich fest, dass mein Rucksack mit meinen Habseligkeiten - für Tag und Nacht - nicht abgegeben worden waren. Am folgenden Tag fand ich ihn - samt Inhalt! - in Malinyi bei Br. Edgar Tschirki. Dann fuhr ich fröhlich weiter und erreichte abends Kilolero. Br. Florian Brantschen (Pfarrer) hat mich freundlich aufgenommen, und mich mit Proviant und allem Nötigen für die morgige riskante Safari versorgt. Er bestellte für mich einen ortskundigen Beifahrer als Wegweiser. Am frühen Morgen gingen zwei starke Männer mit einem Seil voraus, um das Motorrad sicher über den Pitu-Fluss zu setzen. Zum Glück fanden wir eine seichte Stelle, wo wir die Honda ohne große Mühe durch das sandige Bett schieben konnten.

Am andern Ufer führte der Weg zuerst über lehmige, glitschige Stellen. Nachher haben wir einen sauber ausgetretenen Elefantenweg entdeckt. Dort konnten wir flüssig fahren und in kurzer Zeit viele km zurücklegen. Dann gelangten wir in einen heiklen Abschnitt, wo Büffelherden auftauchten und unseren Weg kreuzten. Dort wurden wir auch von den aggressiven Tsetsefliegen belästigt. Sie sehen aus wie unsere Stechfliegen (Bremsen). Sie sind gefährlich, weil sie die Schlafkrankheit übertragen.

Mir konnten die Viecher nicht viel antun, aber der arme Soziusfahrer mit seinem zerrissenen schwarzen Hemd war ihnen total ausgeliefert. Harte Gräser, Busch und Dornen haben sein Hemd derart traktiert, dass er am Abend nur noch ein paar Fetzen am Leibe hatte.

Immer wieder tauchten in größeren oder kleineren Gruppen Elefanten auf. Meistens haben sie vor uns das Weite gesucht. Ab und zu versperrten sie uns den Weg. Größte Vorsicht war am Platz, wenn es Junge in der Nähe hatte. Mit dem Töff kann man im Busch nicht nach Belieben einen Fluchtweg finden. Auf keinen Fall wollten wir das Motorrad stehen lassen und davon rennen. Denn es war schon vorgekommen, dass ein Mitbruder von einem Elefanten bedroht wurde, das Fahrzeug liegen ließ und zuschauen musste, wie der Angreifer sein Vehikel zuerst beschnupperte, am heißen Auspuffrohr den Rüssel brannte und es schließlich zornig total zerstampfte. Um die Tiere nicht unnötig zu reizen, musste man einfach warten oder sie in weitem Bogen, mit möglichst geringem Motorengeheul umfahren, um die Gruppe ja nicht nervös zu machen. An jenem Tag sah ich um die 80 Elefanten. Gott sei Dank gelangten wir durch ihr Revier ohne Zwischenfälle.

An einem sichern Ort machten wir schließlich einen Halt und genossen unsere Zwischenverpflegung. Weit und breit war keine menschliche Siedlung zu sehen. Erst am frühen Nachmittag erreichten wir das erste kleine Dorf von Jägern und Fischern. Dann mussten wir wieder über einen Fluss setzen. Das Wasser war nicht tief, aber das andere Ufer war sehr steil. Beim Hinaufschieben der Honda bin ich ausgeglitten und habe an einer kantigen Wurzel meinen rechten Fuß verletzt. Die stark blutende Risswunde machte mir große Mühe. Ich habe den Riss sofort gewaschen, Mit Jod gereinigt und eingebunden und vor der Schwellung den Schuh angezogen, damit ich mit dem Fuß noch die Gänge und die Bremse bedienen konnte. Später erreichten wir den Fluss Muhesa, der nicht breit aber etwa 1 1/2 m tief war. Wie sollen wir den Töff hinüberschaffen? Zum Glück gab es in der Nähe eine kleine Siedlung. Mit Hilfe von zwei Männern schafften wir das Vehikel ohne Wasserschaden heil ans andere Ufer! Freilich durfte ich meinen verletzten Fuß nicht mehr entblößen, sonst hätte ich ihn in keinen Schuh mehr gebracht. Aber es drang Sand in die Wunde und machte den Rest der Buschfahrt zur Qual. Es gab auch noch andere Hindernisse auf dem Weg: Hohes Gras, Dornen, Stege mit morschen Brettern... Beim Einnachten erreichte ich nach zwölf Stunden todmüde mein Ziel, Ifinga. Bei meiner Ankunft standen P.

Candidus Hartl und Br. Alfons ganz verblüfft vor dem Haus. Mit erhobenen Händen riefen sie: „Mein Gott, wo kommen Sie denn her? Mit dem Motorrad durch die Buschwege und über die Flüsse!?!" – P. Candidus hat mich liebevoll verarztet; er war ja selbst ein halber Arzt. Er verstand es bestens, mit Salben und Medikamenten umzugehen. Am folgenden Tag, am 12.11.71, kam auch Br. Wendelin mit unserem Landcruiser und unserem „Zubehör", nach dreitägiger Autofahrt in Ifinga an. Nach zwei Tagen verließen uns die Benediktiner und wir gewöhnten uns bald an die neue Welt.

Land und Leben in Ifinga

Das Gebiet von Ifinga ist fruchtbar, hügelig, von Bächen und kleinen Flüssen durchzogen, paradiesisch schön, auf +/- 600 m über Meer, aber unendlich weit abgelegen: Zu Fuß oder mit dem Auto braucht man drei Tage. Mit dem Auto führt der Weg von Mahenge via Ifakara – Mikumi – Iringa - Makambako – Njombe – Wino nach Ifinga. Die andere Variante führt von Mahenge via Malinyi nach Kilolèro. Von dort geht es zu Fuß drei Tage weiter via Boma ya Lindi durch Buschland und durch das Selous Wildreservat nach Ifinga.

Die Regierung von Morogoro und Mahenge wollte eine Verbindungsstraße von Malinyi via Kiloléro, Boma ya Lindi, Ifinga, Wino bis nach Songea bauen - etwa 120 km. Das Geld sei vorhanden. Weil diese Verbindung auch für die Diözese von großer Bedeutung - ja beinahe lebenswichtig schien - wurde vom Bistum und von uns Kapuzinern die Bereitschaft zur Mitarbeit signalisiert. Br. Donat Müller (Regularoberer) hat für den Brückenbau (über fünf Flüsse von Malinyi aus) Br. Frowin bestimmt. Für die Straßenarbeiten (von Ifinga aus) hätte sich Br. Wendelin zur Verfügung gestellt. Br. Donat machte die Zusage unter der ***Bedingung,*** *dass wir Kapuziner unsern Einsatz in Ifinga bei meinem nächsten Heimaturlaub (1975) beenden werden, falls die vorgesehene Straße nicht gebaut wird. Meinerseits wünschte ich, dass zuerst von der Regierung ein Straßen- und Brückenbauingenieur geschickt werde, um die vorgesehene Linienführung zu prüfen und zu begutachten. Dieser Vorschlag wurde für gut und wichtig befunden. Tatsächlich ist von der Distriktregierung aus bis dahin nichts geschehen. Das zugesprochene Geld* *sei in andere Kanäle (?) geflossen. Folglich war das Ende unserer Kapuzinerpräsenz in Ifinga abzusehen.*

Für mich wurde dieser dreijährige Einsatz zu einer bereichernden Zeit. Freilich waren die Seelsorge und die Fußmärsche bis in die entferntesten Dörfer und Weiler mühsam und Kräfte raubend.

Wir möchten gerne noch mehr erfahren von den vielen Ereignissen jener Zeit. Die Pfarrei ist – Flächen massig - etwa so groß, wie das ganze Entlebuch (ein Bezirk im Kanton Luzern). Ich suchte In regelmäßigen Zeitabständen in der ganzen Pfarrei die Runde zu machen. Innert 14 Tagen schaffte ich es, alle Dörfer zu besuchen. Es ging über Berge und Täler, über Bäche und Flüsse, mit Rucksack, Messkoffer und Kochkiste! Mit zwei Trägern (Katecheten) wanderte ich von Dorf zu Dorf. Es war jedes Mal ein frohes Wiedersehn. Überall wurden die Christen zum Gespräch und zur anschließenden Eucharistiefeier eingeladen. Viele kamen zur Beichte. Gewöhnlich wurden auch Kinder getauft. Sorgen und Wünsche wurden besprochen. Man diskutierte und suchte gemeinsam nach möglichen Lösungen. Meistens wurde der Tag mit einem gemeinsamen Essen und gutem Reisbier abgeschlossen. Gewöhnlich schliefen wir auf einer Matte auf dem nackten Boden, entweder in einer Lehmhütte oder in einem offenen Unterstand. Unter freiem Himmel schützte man sich mit einem Feuer vor wilden Tieren. Ich erinnere mich an Nächte, da brüllende Löwen vorbeischlichen. Ich wusste dass die Löwen das Feuer fürchten und dass ich mich in Gottes Hand befand. Darum hatte ich keine Angst. Dennoch wollte ich immer eine Taschenlampe und einen Stock an meiner Seite haben. Eine Schusswaffe brauchte ich nie. Ganz allein, ohne Gefährten, musste ich nie unter freiem Himmel nächtigen. Ich fühlte mich nie von einem wilden Tier bedroht. Auch Schlangen bin ich oft begegnet, aber angegriffen oder gar gebissen wurde ich von keiner, aber mehrmals traf ich Einheimische, die von Schlangen vergiftet wurden, in zwei Fallen sogar mit tödlichem Ausgang.

Besuch bei meinem Kapuzinernachbarn

Einmal machte ich zu Fuß, mit zwei Trägern, einen Besuch bei meinem Kapuziner-Nachbarn, Br. Florian Brantschen in Kilolèro. Die Safari, samt „Blitzbesuch“, dauerte eine ganze Woche: Zu Fuß, drei Tage hin, ein Tag für Einkäufe mit Florian in Malinyi, und drei Tage zurück. Am Sonntag hatte ich zuerst in der Pfarrkirche Gottesdienst. Am späteren Vormittag kamen die Christen von Ifinga-Baraza in ihrer Schule zur Eucharistiefeier. Noch am gleichen Abend erreichte ich Muhesa chini. Dort feierte ich am Montag mit den Christen der kleinen Siedlung die heilige Messe mit Ansprache. So ging es weiter - täglich an einem anderen Ort, ebenso auf dem Rückweg. Am Mittwoch fuhr Br. Florian mit uns nach Malinyi, wo wir beim Inder Patel unsere Einkäufe besorgten. Mit ein paar Tuchballen, Salz und kleineren Dingen beladen wanderten wir zügig heimwärts. Am folgenden Sonntagabend war ich wieder daheim, als die Glocken die Gläubigen in die Pfarrkirche zur Eucharistiefeier zusammen riefen.

Bis Oktober 1973 war Br. Wendelin Hollenstein mein Hausgenosse. Dann trat er seinen Heimaturlaub an. Er verließ uns mit dem alten Auto, während Br. Seraphin Wiesinger ihn ablöste und gleich mit dem bestellten neuen Toyota Landcruiser aufkreuzte. Mit Mahenge hatten wir fast keine Verbindungen. Fast alles spielte sich über Njombe ab. In jener Stadt - auf 2000 m üM - wohnte unser Nachbarbischof. Dorthin fuhren wir - wenn möglich - einmal monatlich, um unsere Einkäufe, Post- und Bankgeschäfte zu tätigen. Für andere Bedürfnisse, wie Spital, Garage, etc., wandten wir uns an die Benediktiner im Priorat Uwemba, auf 2200 m über Meer. Dort haben wir gelegentlich unser Obst ausgetauscht: Für Äpfel und Pflaumen brachten wir Citrusfrüchte, Ananas, Kokosnüsse... Seltener verkehrten wir mit Peramiho (OSB Abtei). Zu allen genannten Orten war die Entfernung dreieinhalb Autostunden, +/- 170 km! Damals gab es in Ifinga noch keinen elektrischen Stromanschluss und keine Telefon - und Funkverbindung!

Was geschah zur Regenzeit, wenn die einzige Verbindungstraße monatelang geschlossen war? Da und dort fehlte eine Brücke, einige Stellen waren verschüttet oder zerrissen und weggeschwemmt. Da hieß es: Die Trockenzeit abwarten, um so bald wie möglich, die Straße wieder zu richten. Das ist schneller gesagt als getan! 50 km Straße zu unterhalten ist kein Kinderspiel. Da sind alle auf einander angewiesen: Autobesitzer und -benützer. Viel haben wir erreicht durch freundschaftliche Beziehungen. Jedes Dorf hat eine Teilstrecke übernommen. Für besondere Arbeiten haben wir die Dorfbewohner eingeladen. In der Regel arbeiteten sie dreimal je drei bis vier Stunden pro Woche um den halben Stundenlohn. Auf diese Weise haben sie Fronarbeit geleistet, waren nicht überfordert, konnten ihre Feldarbeit wie gewohnt verrichten und hatten noch einen kleinen Nebenverdienst. Für die Straßen- und Brückenarbeiten setzte sich der Stationsbruder ein. Wendelin und später Seraphin haben mit großem Einsatz riesige Arbeit geleistet; sie waren hierfür wochenlang unterwegs.

Offen blieb die Frage, wie man eine Notlage ohne Straße meistern kann? Was geschieht in der unwegsamen Zwischenzeit? Gott hat uns Füße und Hände gegeben, damit wir sie brauchen, zum Marschieren und Tragen! Kranke ins Spital bringen. Notwendige Sachen zu Fuß hin- oder hertragen. Hierüber werde ich später ausführlicher berichten.

Willkommene Gäste

Mein Vorgänger, P. Candidus, hat uns ein wertvolles Medikamentenlager hinterlassen. Leider konnten wir nicht alle richtig gebrauchen. Auch der verantwortliche Dresser unserer Krankenstation wusste mit manchen guten Medikamenten nicht viel anzufangen, weil ihm einfach das nötige Knowhow fehlte. Darum habe ich Sr. Blasia Zihlmann, Matronin des großen Spitals Ifakara, und die Krankenschwester Franca Gulotti in die Ferien nach Ifinga eingeladen. Sie nahmen die Einladung gerne an und so verbrachten sie im Sept./Okt. 1973 drei Wochen bei uns. Mit regem Interesse machten sie sich hinter die Medikamente und sortierten sie fachgerecht. Was wir bei uns nicht brauchen oder nicht richtig verwenden konnten, aber im Spital nützlich war, wurde für Ifakara bestimmt. Was verfallen und wertlos war, wurde ausgeschieden und entsorgt. Alles wurde beschriftet und säuberlich eingeordnet. Das allein war für uns schon eine große Hilfe. Zudem waren sie für unsern Krankenpfleger fachkundige Ratgeber. Ferner fand ich es sehr gut, wenn Frauen einmal in unserer Sakristei in die Paramentenschränke schauten und Hand anlegten. Auch da gab es viel Arbeit. Ausgediente Priester- und Ministranten Gewänder wurden entfernt, andere ausgebessert. Aus unnötigen oder unpassenden Tüchern wurden Kinderkleider genäht. Es war wunderbar und rührend, was die beiden Frauen hingezaubert haben! Nicht hoch genug zu schätzen war auch der Erfahrungsaustausch an den Abenden.

Leider war der Dialog mit Br. Wendelin sehr mühsam, um nicht zu sagen fast unmöglich, weil er einfach nicht zuhören konnte. Bei ihm hatte ein Gesprächspartner fast keine Chance, sich richtig auszudrücken. Ich hat-

te nicht einmal Gelegenheit von meinen spannenden Erlebnissen zu erzählen, wenn ich nach zwei oder drei Wochen von Außenstationen der Pfarrei heimkehrte. Schon bei der ersten Aussage fuhr er dem Sprecher ins Wort. Dann hat er unaufhörlich drauf los geredet. Er erzählte aus seinem Leben, von seinen guten und noch viel mehr von seinen unguten Erfahrungen. Der Partner konnte kaum ja und Amen sagen. Er sprudelte weiter, auch wenn der „Zuhörer" eingeschlafen war und nichts mehr hörte. Je öfters die alten Platten aufgelegt wurden, desto mühsamer wurden unsere Gespräche. Damit will ich den Mitbruder nicht verunglimpfen oder verachten. Er war ein hilfsbereiter und eifriger Bruder, der viel geleistet hat. Seine Schwächen waren weitgehend zu entschuldigen auf Grund seiner belasteten Jugendzeit.

Ich habe dies erwähnt, weil ein harmonischer Erfahrungsaustausch und echter Dialoghoch wichtig sind, besonders an unserem extrem isolierten Wirkungsort. Die beiden Gäste brachten uns die entscheidende ***Wende*** *ins Haus. Warum? Sie haben nämlich an Abenden mit uns Canasta gespielt. Das ist ein beliebtes Kartenspiel, das uns beide sehr interessierte, und das wir beim Abschied der Feriengäste schon ordentlich beherrschten. – Von da an spielten wir abends fröhlich Canasta. Das war nun unser Dialog.*

Die unerwünschte Reismühle

Br. Wendelin hat seine Jahres-Ferien mit den Schwestern abgestimmt. Darum nahm er auf der gleichen Fahrt auch die Gäste und die aussortierten Medikamente mit nach Ifakara. Er wollte auch in Ngoheranga sein ersehntes Jagdgewehr holen und dann in Dar es Salaam seine Urlaubszeit beenden. Vor der Abreise gab ich ihm den Auftrag, in Dar es Salaam unsere bestellte Maismühle abzuholen, wenn sie schon erhältlich ist, mit dem klaren Begleitwort: „Aber bring mir ja keine Reisschälmaschine!" Während Wendelins Abwesenheit habe ich eine zweiwöchige Pastoral-Reise in alle Dörfer und Weiler der Pfarrei unternommen.

Bei meiner Heimkehr gab es eine große Überraschung: Im Schuppen hörte ich eine Maschine surren. Br. Wendelin stellte mir ***seine*** *Mühle vor! Voll installiert und in Betrieb. Wir hätten dringend eine* ***Maismühle*** *ge-*

braucht. Jetzt steht eine ***Reis****schälmaschine da, die nicht viel nützen wird. Denn unsere Leute pflanzten viel Mais, dessen Verarbeitung sehr mühsam ist. Mais mahlen ist viel mühsamer als Reis schälen! Die Auslastung dieser Maschine war nur gering und nicht dem wahren Bedürfnis der Frauen dienend. Folglich wurde daraus ein arges Verlustgeschäft. Eine Maismühle hätten wir gebraucht. Sie wäre eine gute Einnahmequelle für die Pfarrei gewesen. - Auf meine Frage: „Warum kommst du mit dieser Maschine heim, statt mit der bestellten Maismühle?“ sagte er: „Es war keine dort, darum dachte ich: besser diese als nichts!“*

Auf Wanderschaft

Folgende Erzählung ist eine Antwort auf obige Frage: Was geschieht, wenn die Straße geschlossen ist, zur Hochregenzeit?“ Es war Regenzeit, die Straße unpassierbar und verschiedene Brücken beschädigt. Ich musste in Njombe ein dringendes Bankgeschäft tätigen, ein Telegramm aufgeben und wollte vor Ostern beichten gehen. Es gab keine andere Lösung, als den Weg unter die Füße nehmen: Drei Tage hin, drei Tage zurück. Dabei konnte ich unterwegs vier Außenstationen besuchen, den Christen die hl. Beichte abnehmen, und mit ihnen Eucharistie feiern. Zuerst versammelten sich die Christen am Sonntag in der Pfarrkirche. Zwei Stunden später konnte ich im Dorf Muhesa Gottesdienst feiern. Dann wanderte ich noch zwei Stunden weiter zur nächsten Siedlung. Ich wurde freudig empfangen, genoss mit ihnen das Nachtessen, schlief dort und feierte am Morgen die hl. Messe. Gegen Mittag gelangte ich nach Kisamoyo. Dort wurde ich in einer kleinen Buschschule für den Gottesdienst erwartet. Nach vier Stunden gelangte ich nach Kazimoto, einem Dorf mit einer zwei-klassigen Gesamtschule. Tief im Tal drunten führte der Weg über einen tosenden Bergfluss, den man nur über einen gefällten Baum überqueren konnte. Der Steg war weggespült. Hoch über der Talsohle kam ich zum Buschlehrer. Bei einem Poulet und einem Teller Reis hielten wir unser Abendmahl. Nach langem Gedankenaustausch durfte ich beim Katecheten übernachten. Am Morgen kamen viele zur hl. Beichte. Anschließend versammelten sich die Gläubigen zum Gottesdienst, wobei auch drei Kinder getauft wurden. Nach getaner Arbeit verließ ich am Dienstag Nachmittag mein Hoheitsgebiet und stieg den stei-

len Berg hinauf. Dort auf 1900 m erreichte ich am späten Abend das kleine Dorf Kilolero, wo ich die Nacht verbringen wollte. Es war kalt und nass. Verpflegung hatte ich aus dem eigenen Rucksack. Man bot mir eine kleine, sehr enge Lehmhütte an. Da gab es keinen Tisch und keinen Stuhl. Immerhin war eine Art „Bett“ da, nämlich ein Holzgestell mit einem weitmaschigen Rutengeflecht bespannt, viel zu kurz für mich, ohne Bettzeug. In allen meinen Kleidern, samt Ersatz und Jacke streckte und krümmte ich mich auf dem „bequemen“ Schragen. Nun wartete eine spannende Überraschung auf mich. Es fing mich am ganzen Körper an zu jucken und zu beißen. Erratet, was geschah! Ich war voll Flöhe. Es schien, dass diese „anhänglichen“ Geschöpfe tagelang auf ein Aas gewartet hatten. Nun durften sie sich mit Heißhunger an ihrem langersehnten Opfer laben und sich mit meinem süßen Blut voll trinken. Mit welcher „Inbrunst und unvollkommener Freude“ ich armer Schlucker den Morgen ersehnte, mag sich der geneigte Leser selbst ausphantasieren! Aber auch so wurde es Morgen. Allmählich brachte ich meine kalten, steifen Glieder wieder in Schwung. Dann musste ich die blutrünstigen Geschöpfe auszuschütteln! Das war keine leichte Prozedur! Bei aller Kälte musste ich mich ausziehen, und draußen im Regen meine Klamotten ausklopfen, um die Blutsauger los zu werden. Ich hatte noch einen weiten Weg vor mir. Im kalten Nieselregen wankte ich mühsam durch das hohe Gras, das mich von beiden Seiten peitschte. Endlich führte mich der Pfad durch eine Siedlung, als gerade jemand mit einem grossen Topf voll frischen Bambusweines den Weg kreuzte. Ich war müde und hatte Durst und starke Lust auf eine Erfrischung. Der Träger hat mir sicher den Durst und den Gluscht am Gesicht abgelesen und bot mir einen Trunk. In großen Zügen leerte ich mehrere Becher von diesem kühlen, honigsüßen Bambussaft. Jenes viel gerühmte Getränk hat offenbar einen Stoff in sich, der eine gewisse Schwere verursachen kann. Es war noch unvergoren. Dennoch spürte ich kurz darauf eine noch nie erfahrene Schwere in den Knien, dass ich meine Beine fast nicht mehr heben konnte. Mit größter Anstrengung brachte ich die weiteren 18 km hinter mir. Endlich war der Kirchturm von Kifanya in Sicht. Im Pfarrhaus, wo ich am frühen Nachmittag eintraf wurde ich freundlich aufgenommen. Zuerst konnte ich mich wieder einmal richtig waschen und mit einem feinen Essen stärken. Von dort gelangte ich mit einem Postbus nach Njombe. Im Bischofshaus fand ich gute Unterkunft. Am folgenden Tag konnte ich in aller Ruhe meine Geschäfte und Einkäufe tätigen, und meine Kleider waschen. Am

Donnerstag fuhr ich mit einem Bus nach Uwemba hinauf ins Priorat der Benediktiner. Dort kaufte ich etwas Käse und ein paar Rauchwürste. Am Freitag wartete ich in Njombe auf den Bus - von Dar es Salaam kommend. Leider war er schon übervoll und konnte niemanden mehr aufnehmen. Ich blieb die ganze lange Nacht auf der Busstation. Am Samstag sollte – von Iringa her – der nächste Bus eintreffen. Endlich – mit 7 Stunden Verspätung - war er da. Alle fragten besorgt nach dem Straßenzustand am gefährlichen Berghang ins Lukumburu-Tal hinunter. Es war spät in der Nacht, als wir jene riskante Strecke erreichten. Die Straße war schon vom starken Regen aufgeweicht. Der Bus kam ins Rutschen auf einer Strecke, die einem Geissrücken gleicht; auf beiden Seiten hatte es steile Abhänge. Wir wollten aussteigen, der Chauffeur aber fuhr stur weiter, mehr quer rutschend als gerade aus fahrend. Alle schrien und heulten in Todesangst, bis er uns aussteigen ließ, und mit Todesverachtung den leeren Wagen zum Fluss hinunterbrachte. Drunten stiegen alle wieder ein. Der Lenker aber sagte: „Wir müssen ein paar Stunden schlafen. Denn vor uns ist ein Schlammloch, wo wir nicht durchkommen werden“. Es war 01.00 h nachts. Ein Eriträer aber klopfte in gebrochenem Kiswaheli dumme Sprüche: „Chauffeur fauler Pelz,...niggt arbeiten,...schlaffen will...los! fahren! ...Ich nit später...Songea sein!“ Der Lenker ließ sich vom Plapperer anfeuern und fuhr ins Loch. Wir blieben prompt im tiefen Schlamm sitzen. Alles Manöverieren, Schaufeln, Ziehen und Stoßen half nichts. So stiegen wir wieder ein und schliefen. Gegen vier Uhr kam ein Militärbus mit Soldaten den Berg herunter; sie wollten weiter. Weil wir die Straße blockierten, versuchten wir mit vereinten Kräften, beide Autos durch den Dreck zu schaffen: Sie zogen mit ihrem, wir mit unserem Seil an unserem Auto und rissen es mit vereinten Kräften aus dem Schlammloch. Nachher halfen wir einander, ihr Gefährt durch den Tümpel zu ziehen. Als beide Wagen wieder startbereit waren, ließen wir die Soldaten ziehen, und tuckerten langsam hinter ihnen bergwärts. Wir waren schon fast droben, als wir von einer Panne hingehalten wurden. Diesmal gab es einen Radwechsel. Ich allein hatte eine Taschenlampe. Als die Panne fast behoben war, ging auch meiner Funzel das Licht aus. Aber das Vehikel wurde auch so wieder fahrtüchtig. Gegen 6.00 Uhr fuhren wir weiter. Nach einer halben Stunde musste ich aussteigen. Am Sonntagmorgen, kurz nach 8.00 Uhr klopfte ich beim Pfarrer Haule in Wino auf 1900 m über Meer an. Nach kurzer Frühstückspause brachte er mich etwa drei Km weit auf meinen Heim-

weg. Weiter wagte er nicht zu fahren. Denn es regnete und die Straße war sehr rutschig. Nach 4-stündigem Marsch kam ich gegen 13.00 h im Dorf Muhesa an, wo ich die Gläubigen zum Gottesdienst bestellt hatte. Begreiflicherweise hat niemand so lange auf mich gewartet. Darum entschloss ich mich, gleich nach Hause zu fußen. Es waren nur noch etwa 12 km vor mir. Dann nahm ich mir Zeit für ein Duschbad und eine Jause. Ich läutete die Leute zum Abendgottesdienst zusammen und dankte Gott für die Reise samt allen Erlebnissen.

In ***Ifinga*** *erlebte ich drei arbeitsintensive, bereichernde Jahre, zuerst mit Br. Wendelin, dann mit Br. Serafin. Von den vielen, teils tragischen und folgenschweren Episoden werde ich einige in den folgenden Zeilen näher beschreiben.*

Dramatische Ereignisse

Hochwasser im April 1973

Gegen Ende der Regenzeit wurden die Güsse immer intensiver. Nach langen heftigen Regenschauern wurde ich am 7.4.73 früh morgens um 3.00 Uhr von einem tosenden Gepolter geweckt. Was war geschehen? Beim Tageslicht sahen wir mehrere entblößte Berghänge – Erdrutsche. In jener Nacht hatte es 19 cm geregnet! Im Laufe des Tages kam die traurige Meldung, dass eine ganze Familie im überschwemmten ***Ruhuji****-Fluss den Tod gefunden habe. Nach und nach hörten wir von den genaueren Zusammenhängen: Die Massen eines Bergrutsches stauten für eine gewisse Zeit den Seitenfluss* ***Nyakatete****, bis das Wasser plötzlich mit aller Wucht wieder durchbrach, sich in den Hauptfluss ergoss und ihn sofort meterhoch anschwellen ließ. Das Hochwasser hat die Familie am Fluss um 03.00 Uhr urplötzlich überrascht. Die Eltern mit 4 Kindern konnten sich zwar noch in ihren Einbaum retten und sich so in Sicherheit bringen. Aber dann hörten sie wie ihr Nachbar, ein blinder, alter Mann, von einem Baum herab um Hilfe schrie. Es war stockdunkle Nacht. Sie wollten ihn retten; als sie aber den Einbaum in der starken Strömung zu wenden versuchten, stieß er an einen vorstehenden Stein und wurde von der starken Strömung gekippt. Alle, samt der hochschwangeren Mutter, die in wenigen Tagen ihr Kind erwartete, wurden von den Fluten ertränkt.*

Hunger und verdorbener Mais

Im Jahr 1973 fiel die Zwischenernte (Mais und Bohnen) sehr dürftig aus. Das Wort ***Hunger hörte man*** *öfters als sonst. Wir versuchten etwas Abhilfe zu schaffen. Unter anderem holte Br. Wendelin in Njombe eine Ladung Maismehl für unsere Leute, etwa 600 Kilo. Aber oh weh! Der gute Bruder hat im gleichen Auto auch noch ein paar Kanister Kerosin auf die Maissäcke geladen!?! Man hätte wissen sollen, dass diese Kanister selten ganz dicht sind. Auf über 3 1/2-stündiger äußerst holpriger Berg- und Talfahrt war nichts anderes zu erwarten! Das Kerosin ist ausgelaufen. Der „Erfolg“: Die ganze Maisladung war verdorben; nicht einmal für unsere Schweine brauchbar! Den hungrigen Leuten, die sehnlichst auf Abhilfe warteten, konnten wir nichts bieten.*

Ein hungriger Löwe 1974

Wie gewohnt erreichte die Regenzeit im April ihren Höhepunkt. Die Bäche und Flüsse stiegen immer mehr an. Schon standen weite Gebiete unter Wasser. In solcher Lage wird das Jagen für Löwen schwierig. Ihre Jagdgründe nehmen neue Formen an. Auch in diesem Jahr war es so. Man warnte die Bewohner in abgelegenen Gebieten, vorsichtiger zu sein: Nächtliche Ausgänge, schlechte Türen und Häuser mit schwachen Wänden können sehr gefährlich sein. Denn jetzt sind Löwen hungriger als sonst und wagen, auch Menschen zu jagen. So geschah es eines Nachts, im Weiler Ufungule, 25 Minuten vom Pfarrhaus entfernt. Da machte ein älterer, vermutlich ausgestoßener Löwe leichte Beute. Fast ungehindert gelang ihm ein „glücklicher“ Raubüberfall. Er fand ein Haus mit einer angelehnten Schilftüre, drückte sie ein und machte sich über die Bewohner her. Er tötete alle fünf, schleppte einen 17-jährigen Jungen mit in den Busch und Fraß sich satt. Anderntags wurde eine Grossjagd veranstaltet, um das Untier zu erledigen. Man fand den Räuber am späten Nachmittag bei seiner Beute liegend. Er hatte nur noch ein Bein von seinem Opfer neben sich. Als die Jäger den Löwen sahen, stand er fauchend auf. Einer wollte schießen, aber die Waffe gab die Kugel nicht frei; ein anderer schoss, traf, aber die Bestie konnte entfliehen. Da man star-

ke Blutspuren fand und weil es schon dunkel wurde, gab man sich zufrieden, in der Annahme, der „Mörder“ werde verenden. Eine Woche später kam die traurige Nachricht, dass der gleiche Löwe ca. 6-7 Stunden nördlich von unserer Pfarrkirche ein älteres Ehepaar getötet habe. Dies geschah äußerst merkwürdig: Man fand die Frau tot vor dem Haus. Der Mann lag ebenfalls tot neben dem toten Löwen, mit einem Giftpfeil im Leib. Folglich hat der Löwe zuerst die alte Frau erschlagen, dann konnte der Mann den Pfeil abschießen. Vermutlich hatte dann die Bestie gerade noch genug Kraft, um den Pfeil-Schützen tödlich zu verwunden, war aber zu schwach, um seine Beute zu zerfleischen. Wegen des tödlichen Giftes verendete er an Ort und Stelle.

Aggressive Hyänen

In einem Dorf der Pfarrei Ifinga hat an einem frühen Sonntagmorgen eine hungrige ***Hyäne*** *bei einem tüchtigen Jäger - er hatte trockenes Fleisch im Haus und damit das Tier angelockt - die Tür gerammt. Zum Glück hatte der Mann seine Flinte in Griffweite und konnte einen Schuss abgeben, der das Tier zwar halbwegs traf und verletzte, aber nicht tötete. Nach dem Gottesdienst haben sich die Gläubigen entschlossen, die Hyäne zu suchen, und den „Einbrecher“ zu erledigen. Die Jagt endete erfolgreich. Man hat mir dann zum Beweis eine Pfote gebracht. Es war ein selten starkes Exemplar.*

Eines Tages wagte eine tollkühne ***Hyäne*** *– vom Fischgeruch angezogen – mitten im Dorf bei hellem Tageslicht nach Beute zu suchen. Als nämlich eine Frau mit einem brennenden Holzscheit in die Nebenhütte (Küche) eintrat, stand eine Hyäne im Raum. Zu Tode erschrocken ließ sie das glühende Scheit fallen und schrie um Hilfe. Der Nachbar eilte sofort mit der Flinte herbei und knallte den Räuber nieder. Die Hyäne blieb in der Küche auf der Stelle liegen. Offensichtlich war auch das Tier derart erschrocken und verwirrt, das es einfach drinnen stehen blieb, bis der Schütze da war!*

Ein andermal wurde ein Mann unserer Pfarrei vermisst; er sei kränklich gewesen und wollte ein Spital aufsuchen. Ein paar Tage später fand man am Wegrand ein paar Kleiderfetzen vom Vermissten. Eine ***Hyäne*** *(oder ein Rudel von Hyänen) hatte den Wanderer, der vielleicht am Weg ausruhte oder eingeschlafen war, überfallen und verzehrt.*

Zorniges Flusspferd

In unserem ersten Ifinga-Jahr hatten wir keine Jagdflinte. Br. Wendelin wusste von einer erhältlichen „Knarre" in Ngoheranga. Am Nationalfeiertag – am 7.7.72 - nahmen wir am Volksfest teil. Anschließend fuhr ich mit Br. Wendelin an den Ruhuji-Fluss hinunter. Dort war jemand mit einem Einbaum bestellt, um den Bruder flussabwärts zu bringen. Alles verlief anfänglich ganz normal, bis plötzlich ein Flusspferd auftauchte. Zuerst konnten sie ihm ausweichen und fuhren weiter. Weiter unten schoss das Monster plötzlich wieder empor, packte mit seinem Riesenmaul den Einbaum am einen Ende, und brachte ihn zum Kentern. Beide wurden ins Wasser geschleudert! Der Rucksack mit Kleidern und Proviant, der Spritkocher und die Sandalen waren verloren! Beide retteten sich ans Ufer und blieben heil. Der Bootsführer vermochte das Gefährt wieder herzurichten, samt Ruder und Lenkstange. Keck wollte er Wendelin zur Weiterfahrt einladen, als ob nichts geschehen wäre! Wendelin aber hatte für diesmal genug „Safari" und wehrte energisch ab: „Nein mein Lieber! Mir reicht es! Einmal ist mir genug!" In der Nähe fanden sie in einer Fischerhütte für die Nacht Unterschlupf. Gegen Mittag brachte mir ein Bote die Meldung vom ungemütlichen Zwischenfall. Ich soll dem Bruder so weit wie möglich entgegen fahren. Ich machte mich sofort auf den Weg und fand ihn irgendwo am Wegrand sitzend. Er war todmüde und hatte geschwollene Füße mit offenen Blasen – er war barfuß. Dann fuhren wir mit ihm freudig nach Hause, wo er sich erfrischen und erholen konnte.

Undankbare Gäste

*Eine andere Episode ist in meinem Gedächtnis hängen geblieben: Eines Tages traf bei uns eine 7-köpfige Regierungsdelegation aus Mahenge ein. Wir gaben uns alle Mühe, die hohen Gäste gut zu empfangen und zu bedienen. Für das Frühstück hatten wir Aal-Filet bestens zubereitet. Alle rühmten das vortreffliche Fischgericht. Aber! Ich „Naivling"! dachte nicht daran, dass **Aal** für viele Afrikaner **tabù** ist, nicht aber für unseren* *einheimischen Koch! Als ich ihnen offenbarte, das sei Aal, schauten sie einander verblüfft an und ließen die Teller stehen. Am dritten Morgen bedankten sich die Gäste für die gute Bewirtung. Sie verabschiedeten sich mit der Bemerkung, wir sollen die Rechnung nach Mahenge schicken. Die Bezahlung werde so bald wie möglich erfolgen, aber die Zeche wurde trotz Mahnung nie beglichen! Die fetten Spesen haben sie gerne in den eigenen Sack gesteckt. Von da an habe ich die Behörden informiert, dass alle willkommen seien, aber nur gegen Barzahlung. Kurz nachher wurde ich nochmals von einem raffinierten Betrüger übertölpelt.*

Wilderer und Zechpreller

Ein andermal gewährten wir dem Polizeichef des Nachbarbezirkes Songea ein paar Tage Kost und Logis. Er „kaufte“ überdies 30 kg Reis. Er sei mit 7 Mann schon einige Tage auf der Jagd (im Wildreservat!?), aber bis jetzt leider erfolglos gewesen. Sie möchten es nochmals versuchen, aber der Proviant gehe zur Neige. Er wolle bei uns bleiben und auf seine Jägerkameraden warten. Er werde natürlich alles bezahlen. Am Tag der Abrechnung sagte er, die ganze Geschichte sei wider Erwarten anders verlaufen. Darum könne er jetzt nicht bezahlen. Ich soll unbesorgt sein, er sei ja der Hüter von Recht und Gerechtigkeit. Er werde dafür sorgen, dass alles unverzüglich beglichen werde! Doch die Wochen und Monate verstrichen, nichts geschah und meine registrierten Briefe wurden nicht einmal bestätigt. Als ich später persönlich in jenem Polizeibüro vorsprach und die Zeche erwähnte, haben sie nur gelacht!? Ich wurde dann inne, dass es sich bei jener Jagd um Wilderei handelte, und dass der hohe Polizeichef längst eingelocht sei!

Transport-Episode

Eines Tages fuhr Br. Wendelin nach Njombe, um einige Ballen Stoff für Schuluniformen, etwa fünfzig Paar farbige Tücher und einen Sack Salz zu kaufen. Ferner hatte er eine frisch geladene Auto Batterie zugeladen. Er stellte sie einfach auf die Ladung Tücher und fuhr unbesorgt los, was mit größter Sicherheit unheilvoll enden musste. Denn bei stundenlanger Fahrt verschüttet fast jede Batterie etwas vom Inhalt, selbst wenn sie gut fixiert ist. Daheim mussten wir feststellen, dass sämtliche Tücher etwas vom „Saft“ der Batterie bekommen haben. Die Tücher zerfielen (Säure!). Auch das Salz war unbrauchbar. Totalschaden!

Achsenbrüche

Ein anderes Mal hat Br. Wendelin in Njombe Zement eingekauft und dabei die Ladekapazität des Autos bei weitem überschätzt. Unterwegs wurde er von Schlaglöchern überrascht, was einen Achsenbruch verursachte. Wie immer hatte er eine Ersatzachse im Auto. Wir wussten um die Notwendigkeit eines solchen Bedarfes und waren jederzeit imstande unterwegs einen Achsenwechsel eigenhändig vorzunehmen. Wendelin wollte sich die Mühe ersparen oder hat den Defekt nicht als Achsenbruch erkannt!?! Er fuhr einfach im Allradgang weiter. Das geht, solange kein steiles Wegstück zu bewältigen ist. Als er aber zu einer Drift kam und am anderen Bachufer die Böschung nicht erklimmen konnte, versuchte er, den beladenen Wagen im Rückwärts-Spezial-gang hinauf zu wuchten..., bis es knallte! Eine Vorradachse war entzwei. Nun gab es kein Fortkommen mehr. Wendelin musste das Auto stehen lassen, in der Nachbarschaft nächtigen und am andern Morgen zu Fuß die restlichen 9 km heimtrotten. Um 10:00 Uhr kam er heim und erzählte von seinem Pech. Ich brachte ihn dann mit der Honda zum Auto. Wir mussten Leute anheuern, den Zement in Traglasten aufteilen und am gleichen Tag heim schaffen lassen. Aber wie soll nun unsere „Kutsche“ wieder flott gemacht werden? Eine Vorderachse eines Toyota Landcruisers kann nur von geübten Fachleuten ausgewechselt werden. Solche gab es für uns nur in der mechanischen Werkstätte des Benediktioner-Priorats in Uwemba, in 170 km Entfernung. Also mussten wir einen Botengänger finden, der bereit war, zu Fuß - auf dem kürzesten Weg sind es ***drei*** *Tagesmärsche! - dorthin zu gehen, um die fachkundigen Mechaniker, samt nötiger Ausrüstung und Ersatzteilen herbei zu bitten. Nach 7 Tagen meldete sich der Bote zurück mit der Meldung, dass die Mechaniker baldmöglichst - bei günstigem Wetter – kommen werden. Nach einer Woche konnten wir den Wagen heim holen. Dann folgte eine saftige Rechnung. Das Auto war ohne Versicherung!*

Unser Dorfladen

Als wir in Ifinga antraten, haben uns die Vorgänger einen Krämerladen übergeben, den ich 8 Monate später den Dorflehrern verkaufte. Nebst Salz und ein paar anderen wichtigen Artikeln haben wir Tücher verkauft, welche die Leute mit ihren Agrarprodukten eintauschen konnten. Somit mussten wir ab und zu nach Njombe (170 km) fahren, um unsere Einkäufe sowie Post- und Bankgeschäfte zu besorgen.

Das führerlose Dorf

Bei meinem ersten Besuch im kleinen Dorf Igawa Isenga mit 15 Häusern habe ich alle Familien registriert. Ich musste feststellen, dass wir bis jetzt noch keinen Vertreter jener Siedlung im Kirchenrat hatten. Als die meisten Bewohner zum Gottesdienst kamen, fragte ich sie, wer als Kirchenrat geeignet wäre. Leider zeigte es sich, dass die Wahl fast unmöglich war. Denn es gab dort nur zwei gültige Ehen, keine Christinnen, die für dieses kleine Amt fähig gewesen wären. Nur einer konnte lesen und schreiben, und der war ein Muslim. Es gab keine Christen, auf die man mit Respekt schauen konnte, auf deren Wort andere ernsthaft gehört hätten. Dennoch wollte ich sie nicht unbeteiligt im Stich lassen. Schließlich fragte ich sie, wer in ihrem Dorf das Sagen habe. Thabiti, der einzige Muslim, sei der Obmann des Dorfes. Er sei ein gerechter, hilfsbereiter Mann, der bei einem Streit oder andern wichtigen Angelegenheiten als Schlichter und Wortführer geachtet sei. Wohl wissend, dass nur getaufte Katholiken als Kirchenräte wählbar sind, kam ich mit Thabiti ins Gespräch und bat ihn als Vertreter seiner Siedlung für die Pfarrei zu amtieren. Oh Wunder! Der gute Mann erklärte sich bereit, unentgeltlich die Aufgabe zu übernehmen. Ich hätte mir keinen besseren wünschen können. Tatsächlich kam er zu unseren Versammlungen, las den Dorfbewohnern meine Briefe vor, ermunterte sie zum Sonntagsgebet, nahm die Kollekten und die Kirchensteuer auf und brachte alles getreulich ins Büro.

Auch im Dorf Nyakatete hatten wir eine ähnliche Situation. Nach sorgfältiger Umfrage wurde kein Katholik als fähiger Kandidat für den Kirchenrat gefunden. Darum habe ich auch hier einen tüchtigen, gläubigen evange-

lischen Christen als Vertreter bestimmt. Er hat seine Aufgabe pflichtbewusst ausgeübt. Eine seltsame Situation, die an höheren Stellen knurrend wahrgenommen wurde. Man meinte, ich sei verrückt! Aber für uns war es die einzige mögliche Lösung. Sicher hätte ein unfähiger Vertreter mehr Schaden angerichtet als Nutzen gebracht. Ich wehrte mich stets, wenn jemand zur Wahl antrat, der nicht von der Mehrheit geachtet wurde und keinen Respekt verdiente.

Hilfreiche Gäste

An Weihnachten 1973 waren zwei liebe Mitbrüder: Gandolf Wild und Egfrid Tönz von Maua (Moshi)bei uns zu Gast. Sie ehrten uns nicht nur mit ihrem Besuch, sondern halfen uns sogar in der Seelsorge. Sie standen zwei Festgottesdiensten vor. Nachher haben sie die dreitägige Strecke nach Taweta unter die Füße genommen und unterwegs in drei Dörfern für die Christen die Eucharistie gefeiert. Alle waren hocherfreut über ihren Besuch. Sonst war während unserer dreijährigen Ifingazeit kein Mitbruder zu uns an das „Ende der Welt" gekommen.

Dramatischer Endspurt

Unser Abschied war auf den ersten August geplant (Flug am 7.8.74). Der Regularobere, Br. Donat, hat das Datum dem Bischof, Patrik Itèka, frühzeitig mitgeteilt, ihn später nochmals schriftlich daran erinnert, wann wir Ifinga verlassen werden, und gebeten, unsere Nachfolge zu regeln. Ich persönlich habe den Bischof ebenfalls zweimal schriftlich angefragt, wie wir den Abschied und Übergang organisieren sollten. Aber es kam keine Antwort aus dem Bischofshaus von Mahenge. Schließlich fuhr ich vier Wochen vor meinem Flugdatum zum Bischof Raimund Mwanyika von Njombe, um ihn zu fragen, ob wir einfach Ifinga verlassen und ihm die Schlüssel übergeben sollen? Seine Antwort: „Jetzt musst du nach Mahenge zu deinem Bischof Patrick Iteka reisen". In der folgenden Woche fuhr ich dorthin. Der Bischof war abwesend: Der Generalvikar (Personalchef) gab zur Antwort, er wisse von allem nichts! Ich soll jetzt zurück reisen und auf das Wort des Bischofs warten. Der Bischof sei in Dar es Salaam und werde in drei Tagen zurück erwartet. Er werde ihm nach Ifaka-

ra entgegen reisen und ihn bitten, mir sofort ein Telegramm zu schicken. Aber es kam kein Telegramm. Acht Tage vor dem letztmöglichen Abschiedstermin fuhr ich nochmals nach Njombe, um das erwartete Telegramm zu holen. Nirgends eine Nachricht, weder auf der Post in Njombe, noch im Bischofshaus, noch bei den Benediktinern in Uwemba. Ich fuhr heim und wartete...! Es war Samstag, spätestens am Dienstag mussten wir fort, um überhaupt noch den Flughafen zu erreichen. Am späten Samstagabend kam Bischof Patrick persönlich zu uns. Ich schlug freudig meine Hände zusammen und begrüßte ihn schalkhaft: „Gott sei Dank! Jetzt ist der neue Pfarrer da!" O weh, welche Majestätsbeleidigung! Den Bischof zum Buschpfarrer degradieren! Er hat sauer reagiert. Schließlich fragte er mich, ob ich denn sein Telegramm nicht erhalten habe? Ich sagte: „Leider nicht! Es sei denn, dass Sie es jetzt mitgebracht haben? Wo ist es denn hängen geblieben?" Nun zeigte es sich, dass er das Telegramm nach Peramiho geschickt hatte, obwohl unsere Postverbindung alle Jahre über **Njombe** *lief. Bei einem erfrischenden Bier lockerte sich dann die gedrückte Stimmung des Oberhirten. Im offenen Gespräch lösten sich auch unsere Fragen. Er werde uns - Br. Serafin und mich - morgen in der Kirche verabschieden und nähere Anweisungen über die Zukunft Ifingas verkünden. Nächstens wolle er P. Gallus Mnenùka, einen aus Ifinga stammenden Priester - zur Zeit Pfarrer in Mofu - im Bistum Mahenge - hierher in die Ferien schicken und ihn dann selbst entscheiden lassen, ob er in seiner Heimatpfarrei als Seelsorger antreten möchte. Bis zur Amtsübernahme des neuen Pfarrers soll der Hauptkatechet die Schlüssel bekommen, er soll auch die Gebäude hüten und den Hühnerstall übernehmen. Wir sollen am Montag noch die beiden Mastschweine schlachten und auswägen. Das haben wir getan und das Geld dort gelassen. Für Abschiedsfeiern war keine Zeit mehr. Im August 1985 habe ich den ersten Kapuziner von Ifinga, Br. Alanus Ngonyàni (Priester seit 9.12.84) zur Nachfeier seiner Primiz in seine Heimatpfarrei begleitet. – Zur Zeit wird Ifinga wieder von Priestern des Bistums Songea geleitet.*

Am Dienstag 3. August 1974 früh sind wir ausgezogen und haben am 5.8.74 rechtzeitig Dar es Salaam und meinen Flug erreicht. Ende gut alles gut!

Der erhoffte Pfarrer stirbt

Wir hofften dass der neue Pfarrer bereitwillig sein Amt annehmen und segensreich weiterwirken werde. – Leider kam es anders. P. Gallus reiste schon im August 1974 von Mofu in sein Heimatdorf Ifinga. Er verbachte dort drei Ferien-Wochen und fuhr frohgemut wieder in seine bisherige Pfarrei zurück, um seine Sachen zu holen und dann in seinem heimatlichen Weinberg zu wirken. Am späten Abend erreichte er Mofu...! Kurz vor der Pfarrkirche musste er den Ruipa-Fluss überqueren. Es war eine gefährliche Brücke, vor allem nachts. Sie war etwas erhöht, so dass die Auto-Lampen die Laufbretter bei der Auffahrt nur schlecht beleuchteten. Vielleicht war er übermüdet nach der langen Reise. Jedenfalls steuerte er das Auto so ungeschickt, dass es mit der Nase voran in den tiefen Fluss stürzte. Er hatte noch eine Frau mit einem Kind im Wagen. Am Sonntagmorgen fand man alle drei tot im tiefen Wasser. – Der Bischof von Mahenge konnte jetzt keinen Priester mehr nach Ifinga schicken. Folglich wurde die Pfarrei wieder an das alte Bistum Songea zurückgegeben.

Neue Wirkungsorte

Taweta

Nach dem Heimaturlaub (August – Dezember 1974) habe ich ab 1.1.75 für drei Monate meinen holländischen Mitbruder, Theogonius de Jeu, während seines Heimaturlaubes in ***Taweta*** *vertreten. Die Bewohner jener Gegend gehören zum Stamm der Bena und sind Reisbauern.*

Ungesunder Haushalt

Schon am ersten Tag habe ich festgestellt, dass im Haushalt des Pfarrhauses einiges zu wünschen übrig blieb. Der Kaffee und die Milch waren fast nicht genießbar, das Brot schwer wie Lehm, das Öl ranzig..! Dann fragte ich den Bruder, wo und wie die Lebensmittel aufbewahrt werden und schaute mich in der Küche um. Damit waren schon einige Fragen gelöst. Da rasten Dutzende von Kakerlaken herum. In Mauerritzen und Ecken waren ihre Brutnester versteckt. Alle Wände waren schwarz von Ruß und Schmutz. Warum schmeckte mir der Kaffee nicht? Im Estrich stand ein voller Sack Kaffee, offen! Man sah „Rückstände" von Ratten und Kakerlaken, die sich nachts drin tummelten. Bei genauerem Hinschauen entdeckte man große und kleine, ganze und zerquetschte, ausgereifte und missratene Kaffeebohnen. Man hat den Kaffee wahllos von den Pflanzern gekauft: Ausschuss-Qualität. Was die Kaffeebauern auf dem Markt in Lupembe droben nicht absetzen konnten fand beim Bruder gute Abnahme. Auf der Mission nahm man es offenbar nicht so genau! Von Zeit zu Zeit holte der Koch etwa 2-3 kg von dieser Ware, ließ den Sack offen und röstete das Gemisch – samt „Zutaten" - in der Küche. Aus ungleichen Kaffee-Bohnen kann kein guter Röstkaffee entstehen. Denn kleinere, verletzte und halbreife Bohnen verkohlen schnell, während große mehr Zeit brauchen. Dann wurde der Stoff gemahlen, in eine Büchse geleert und offen stehen gelassen. Die Kakerlaken hatten Tag und Nacht freien Zugang, wobei sie nicht nur den „herrlichen" Geruch genossen..., sondern noch etwas anderes zurück gelassen haben. Am Morgen schöpfte der Koch von diesem Zeug und kochte es. Dann kam die Brühe auf den Frühstückstisch. Die Milch „entstand" aus lange gelagertem weiß-gelbem Pulver, das zuerst aus steinharten Blöcken zerkleinert und aufgekocht wurde. Ich wollte auch hinter das Geheimnis des „Brotwunders" kommen. Das Mehl war alt, mit unerwünschten „Gästen" angereichert. Es wurde als Jahresration sackweise mit der Jahresbestellung von Dar es Salaam bezogen. Man sollte es zuerst gut sonnen und warm ins Fass leeren und möglichst luftdicht lagern. Das Fass sollte man so selten wie möglich öffnen und sofort wieder schließen. Ferner müsste man das Mehl vor Gebrauch nochmals an die Sonne legen. Das gleiche gilt für Reis, Mais, Bohnen, Erdnüsse...

Als die Leute zur Erntezeit frischen Reis brachten, freute ich mich auf ein herrlich duftendes Reisgericht. Als dies nicht geschah, fragte ich enttäuscht, wo der neue Reis sei. Da hieß es, man wolle zuerst den alten aufbrauchen. Es hätte noch viel Vorrat vom letzten und vorletzten Jahr. Soweit von der „guten" Küche. Solcher Entstellung entsprechend müsste man die kostbaren Gaben Gottes vor Gebrauch zuerst verderben lassen!?! Jetzt wusste ich genug Bescheid über beklagte Magenleiden! Ich selber konnte auf das wunderbare Früchteangebot ausweichen. Das war war mein bester Ersatz für vieles. Es war weit herum bekannt, dass es in Taweta die besten Zitrusfrüchte gab.

Hier erlaube ich mir eine Randbemerkung: Die Chinesen haben zur Bauzeit der ***Ta-Za-Ra*** *=* ***Ta****nzania –* ***Za****mbia -* ***Ra****ilway vom viel gerühmten Früchtereichtum Tawetas sehr profitiert. Jede Woche holten sie dort eine Ladung feinster Zitrusfrüchte. Zu meiner Zeit kamen sie ein letztes Mal im Januar 1975 dorthin. Von da an waren die Brücken unpassierbar. Mit ihren schweren Lastwagen sind sie buchstäblich ruiniert worden. Auch ich konnte mit dem Land Rover nur noch mit größter Vorsicht durchkommen. Ich musste immer Bretter und Balken mitschleppen. Kein Chinese hätte sich nachher um die Wiederherstellung der beschädigten Brücken gekümmert. Immerhin überlebte die von Br. Wendelin gebaute Brücke über den Fluss Mfuji die ruinöse Chinesenzeit.*

<u>Wilde Bienen</u>

Die Zeit meines „Interregnums“ ging rasch zu Ende. Am Ostermontag 1975 habe ich vom Früchteparadies Taweta, wo es Orangen, Mandarinen, Mangos, Ananas, Avocados, Passionsfrüchte (=Kiwi) und andere in Mengen gab, Abschied genommen. Die drei Monate waren all zu schnell vorbei.

Auf dem Weg nach Mpanga wurden wir im offenen Auto von wilden Bienen überfallen! Als ich stoppte, um die Viecher los zu werden, haben sie uns noch heftiger attackiert. Kein Wunder! Nichts ahnend haben wir genau vor ihrer „Wohnung“ Halt gemacht. Es dauerte eine halbe Stunde, bis wir uns von allen unerwünschten „Fahrgästen“ befreit hatten. In Mpanga – der Pfarrei von Br. Gallus Steiner und Br. Haimo - hat Br. Theogonius auf mich gewartet und von mir wieder die Schlüssel und das Auto seiner Pfarrei Taweta übernommen. Man besorgte mir zwei starke Träger, und so sind wir zu Fuß, schwer beladen los gezogen. Nach anderthalb Stunden gelangten wir an den Fluss Mnyera. Um diese Regen-Zeit war er einige hundert Meter breit.

Dort gibt es keine Brücke. Im Einbaum wurden wir über den Strom gesetzt. Dann folgte ein sehr mühsamer Marsch über die ausgedehnte, überschwemmte Ebene. Stundenlang mussten wir durch Wasser und

Schlamm waten, immer der glühenden Sonne ausgesetzt. Endlich erreichten wir am Abend todmüde die Pfarrei Malinyi. Dort hat uns Br. Celsus Stöckli gastfreundlich aufgenommen. Zuerst erfrischten wir uns mit einem Duschbad. Dann war ein kühles Bier für uns alle höchst willkommen. Nach erholsamer Nachtruhe war ich wieder fit für die nächste Etappe. Die beiden Träger und Wegweiser erhielten den verdienten Lohn und wurden verabschiedet. Sie kehrten nach Mpanga zurück und ich hoffte, am gleichen Tag Sali zu erreichen.

Pfarrer in Sali – 1975 – 1991

Am Osterdienstag 1975 erreichte ich meinen neuen Wirkungsort, ***Sali*** *(Diözese Mahenge). Am gleichen Tag hat mir Br. Celerino Stähelin nach 2-jähriger Amtszeit als Pfarrer von Sali die Schlüssel übergeben. Am folgenden Morgen hat er seinen verdienten Heimaturlaub angetreten.*

Am neuen, mir nicht ganz unbekannten (siehe oben!) Wirkungsort - 1000 m über Meer - habe ich mit Freuden meine Arbeit aufgenommen. Dass Sali wegen des gesunden Klimas und der abwechslungsreichen Landschaft gelegentlich „kleine Schweiz" genannt wird, habe ich bereits oben erwähnt. Wie immer an einem neuen Ort besuchte ich möglichst bald alle Dörfer, Weiler und Häuser der Pfarrei. Für jedes Dorf legte ich ein Heft an mit allen Namen und andern wichtigen Angaben. Ich wollte die Leute kennen lernen. Es schien mir wichtig, aus erster Hand, genaue Angaben über ihr Alter und die Namen aller Familienglieder zu haben. Auch fragte ich nach ihren verwandtschaftlichen Beziehungen, ihrer Arbeits- und Lebensweise. Das waren für mich sehr interessante Entdeckungen. Ich merkte mir den genauen Ort ihrer Heimstätten. Als sie zur Kirche oder ins Büro kamen, wusste ich, wo und wie sie wohnten, und wer arm und hilfsbedürftig war. Bald kannte ich alle (ca. 3500 Christen und etwa 70 Ungetauften) mit Namen.

Zu unserer Hausgemeinschaft gehörten Br. Beat Scherrer (Onkel von Br. Germar (Missionar in Dar es Salaam), und Br. ***Thomas*** *Lanter, ein alter, erfahrener Pastor und treuer Mitarbeiter. 1978 gab er leider altershalber seine Missionsarbeit auf und kehrte in die Schweiz zurück. Im Kloster Rapperswil verbrachte er in verdienter Muße seine letzten Jahre.*

Im März 1978 reiste ich mit den Mitbrüdern Balthasar Hüppi und Liberat Durrer, die damals in Ifakara wirkten, in meinen 3. Heimaturlaub. Wir haben die Heimreise mit einer Pilgerfahrt ins Heilige Land verbunden. Für alle drei war es ein unvergessliches und freuvolles Erlebnis. Im gleichen Urlaub durfte ich im ***Mattli*** *die 9-wöchige „Sedisvakanz" zwischen Br. Leopold und Br. Rhaban überbrücken. Ich konnte dabei für meine spätere Arbeit, als Leiter des Bildungszentrums Mbagala in Dar es Salaam, wertvolle Erfahrungen sammeln.*

Abschied und Ankunft von Mitarbeitern

Zur Zeit meines Urlaubes führte Br. Berengar Troxler die Pfarrei. Nach meiner Rückkehr wurde unser ***Br. Beat*** *Scherrer zusehends schwächer. Er gehörte gleichsam zum „Inventar" von Sali und war kaum mehr wegzudenken. Er hatte fast die ganze Zeit seines Missionslebens, volle 50 Jahre, in Sali verbracht. Er war bekannt als der „Bergführer" und „Zigarrenfabrikant" von Sali. Jahr für Jahr hatte er den Weg auf unsern Hausberg „Mgongo" aus dem wilden Busch geschnitten und hergerichtet. Die Mitbrüder und andere Gäste, die im Ferienkloster Sali Erholung suchten, hat er oft zum Gipfelkreuz (etwa 1600 m) hinaufgeführt. Fast alle Gäste wurden mit einer Schüssel „seiner" süßen Himbeeren oder „japanischen Kirschen" bedient. Er bot ihnen auch seine Stumpen, die sogenannten „Stinkatores" an. Am 3. Dez. 1978 wurde er im 92. Lebensjahr von seinen Altersbeschwerden erlöst. Am Vorabend habe ich ihm noch den Segen gespendet, den er ein paarmal mit dem „Amina, Amina, Amina..." quittierte. Wir haben ihn, wie er es wünschte, auf dem Friedhof in Sali neben dem ersten Pfarrer von Sali (P. Bernhard Busch OSB + 1914) beigesetzt.*

Nach dem Abschied von P. Thomas (1978) ist Br. ***Balthasar*** *Hüppi, ein lieber, eifriger Priester, als Kaplan an seine Stelle getreten. Wir kannten einander seit der gemeinsamen Heiliglandreise. Wir verbrachten ein paar gute und fruchtbare Jahre miteinander. 1980 durfte ich meinen Heimaturlaub etwas vorverschieben, um in Willisau mit unserer liebsten Tante Nina den 100. Geburtstag zu feiern. Wir erlebten ihr hohes Alter fast wie ein Wunder. Mit erstaunenswerter Vitalität war sie den ganzen Tag dabei. Noch immer wie früher sang sie mit uns die alten Heimatlieder. Ab Januar 1981 stand uns Br.* ***Andreas Schüpfer*** *als Stationsbruder hilf-*

reich zur Seite. Als er immer mehr unter chronischen Altersbeschwerden litt, hat er sich 1983 zum Abbruch seines Einsatzes in Tanzania entschlossen. Er verbrachte noch viele gute Jahre im Kloster Appenzell.

Im Juli 1983 feierten wir den 90. Geburtstag meiner Mutter. Mit diesem Fest durfte ich meinen Heimaturlaub verbinden. In der Klosterkirche von Sursee hielt ich mit den geladenen Gästen einen feierlichen Dankgottesdienst und im Nachbardorf trafen wir uns zum Festmahl.

Ab 1984 machten sich bei Balthasar ernsthafte gesundheitliche Störungen bemerkbar, so dass ich mit ihm heimfliegen musste. Er starb ein paar Monate später an Prostata-Krebs und wurde in Sursee begraben.

Das Jahr 1985 brachte uns viele harte Prüfungen: Schon im Dezember 1984 hat uns die Vorregenzeit gewaltige Güsse gebracht. Die Bergstraße wurde an mehreren Stellen von Erdrutschen verschüttet und blieb dann acht Monate geschlossen. Ich war längere Zeit ganz allein. Die Mehrbelastung, die Fußmärsche zu den entlegenen Außenstationen, das Alleinsein, ohne Gäste und ohne Kontakte mit der übrigen Welt, zehrten an meinen Kräften. Dazu kamen Malariaschübe.

Ich hörte, dass Br. ***Ital Kuster*** *sich entschlossen habe, wegen Krankheit und Enttäuschungen in seiner Pfarrei Sofi heimzukehren. Da versuchte ich - mit Erlaubnis der Bistums- und Ordensobern, - ihn nach Sali zu locken. Zu unserer großen Freude, war er gerne bereit zu uns zu kommen. Er litt noch an einem Armbruch, hatte einen starken Malariaanfall und musste sich zuerst erholen, bevor er nach Sali aufbrechen konnte.*

Krank im Spital Ifakara

Auch ich wurde wieder von der Malaria geplagt und zur Bettruhe gezwungen. Als die gewohnten Medikamente keine Besserung brachten, wurde ich auf einem Tragstuhl den Berg hinunter nach Ruaha (15 km) getragen. Dort hat mich P. Johannes Bitterli SMB im Auto nach Ifakara ins Spital gebracht. Am Kilombèro Fluss, habe ich vor dem Einstieg in den Einbaum etwas Tee getrunken und zu Johannes gesagt: „Mir ist wieder vögeliwohl, wozu ins Spital?“ Aber es gab kein zurück! Kaum hatte ich mein Zimmer bezogen, da wurde mir übel. Ich konnte mich gerade noch quer aufs Bett werfen, und schon war ich bewusstlos. Später fand mich eine Pflegerin. Irgendwann erwachte ich dann auf der Intensivstati-

on, wo ich 8 Tage lang ums Überleben kämpfte. Dr. Burnier (Genfer Tropenarzt) und Sr. Blasia Zielmann gaben sich Tag-und-Nacht alle erdenkliche Mühe, um mich durchzubringen. Ich litt an Dehydration. Nach ein paar Wochen wurde ich - noch sehr schwach - entlassen. Zusammen mit Br. Ital - auch er ein Rekonvaleszent wie ich - haben wir uns in Ruaha noch ein paar Tage ausgeruht, bevor wir den Marsch nach Sali hinauf wagten. Weil die Bergstraße noch geschlossen war, mussten wir „fußen".

Am 10. Mai 1985 machten wir uns auf den Weg. Mit größter Mühe schafften wir den steilen Aufstieg. Immer wieder mussten wir nach ein paar Schritten absitzen und rasten. Droben angelangt, haben wir uns schnell erholt. Im milden Sali-Klima kamen wir wieder zu Kräften. Im August konnte unsere verschüttete Bergstraße (mit 75 Kurven) mit Hilfe eines Baggers wieder geöffnet werden.

Heimaturlaub und Tod von Br. Ital Kuster

Mit Ital war gut zu leben. Wir verstanden uns bestens und beteten und arbeiteten zusammen in brüderlicher Hilfsbereitschaft. Aber unsere harmonische Zweisamkeit dauerte nur drei Jahre. Denn Im Mai 1988 trat Br. Ital seinen verdienten Heimaturlaub an. Seine Gesundheit war angeschlagen, aber wir alle hofften, er werde nach vier Monaten mit neuen Kräften nach Sali zurückkommen. Leider kam es anders: Er musste sich in der Schweiz einer schweren Darmoperation unterziehen und bekam einen künstlichen Ausgang. Aber bald hatte er sich so weit erholt, dass er sich zu einem neuen Einsatz in Sali entschließen konnte. Zuerst ließ er noch an beiden Augen den Star operieren. Endlich, nach 10 Monaten Krankenurlaub, konnte er seinen Rückflug buchen und mir freudig das Datum seiner Ankunft mitteilen. Doch unerwartet - eine Woche vor seinem Abflug - erreichte uns die traurige Nachricht von seinem plötzlichen ***Tod****. Er erlag einem Hirnschlag. Man fand ihn am Morgen tot im Badezimmer.*

Mit Fr. Markus Mjokonti und Fr. Andreas Goha

Seit dem Wegzug von Br. Ital hatte ich keinen Mitbruder mehr im Pfarrhaus. Endlich wurde mir im Juli 1989, Markus Mjokonti, - ein Theologiestudent im Probationsjahr - als Assistent geschickt. Im folgenden Jahr wurde er zum Priester geweiht und durch Andreas Goha ersetzt. Beide erwiesen sich als treue, eifrige Mitarbeiter und wirken nun als beliebte Seelsorger. Markus wurde dann mein geistlicher Sohn. Ihm übergab ich meinen Primizkelch, ein Geschenk meiner geistlichen Mutter, und meine „Erika", ein Primizgeschenk meiner Ruswiler Klassenkameraden und Kameradinnen.

Schwerpunkte – Sorge für LEIB – Geist – SEELE

*Bei meiner Arbeit in Tanzania hatte ich das Ideal der **ganzheitlichen Missionierung** vor Augen. Ich wollte für die Menschen Animator sein für ein besseres Leben für Geist, Seele und Leib. Ich war mir bewusst, dass wir den uns anvertrauten Mitmenschen nicht bloß predigen sollten: „Freut euch, glaubt an Christus, er wird euch einst erlösen!" Im Buch **„Manger d`abord!"** hat der Weisse Vater, Dr. Bernard Joinet, überzeugend dargelegt, dass es unverantwortlich wäre, den armen Menschen den Glauben zu verkünden, ohne ihre materiellen Bedürfnisse ernst zu nehmen. Jesus hat ja auch nicht gepredigt und die Leute brotlos heimgeschickt. Wie **ER** wollten wir Missionare den Menschen helfen und ihnen zeigen, wie sie aus ihrer Not heraus zu einem vollkommeneren und menschlicheren Leben kommen konnten. Das kann auf viele Arten geschehen. Folgende Beispiele möchten dies aufzeigen.*

Sozialer Häuserbau

Schon Jahrzehnte vor mir haben unsere Missionare dafür gesorgt, dass alle Zugang zur Grundbildung und zu medizinischer Behandlung bekamen. Dafür wurden Fachleute ausgebildet, und Schulen Spitäler und Lepraheime gebaut. Unterdessen hat die einheimische Regierung die Verantwortung für die Bildung und Pflege der Kranken weitgehend in ei-

*gene Verantwortung und Trägerschaft genommen. In den 70-er Jahren verlangte die Regierung, dass die Leute, so weit wie möglich in Dorfgemeinschaften zusammenleben, und dass alle Kinder die Schule besuchen. Ich sah, dass unsere Einwohner noch keine **soliden Häuser** und keinen festen Wohnsitz hatten. Sie wohnten nicht gerne in geschlossenen Dorfgemeinschaften, sondern ganz verstreut in ihren selbst gewählten Pflanzgebieten. Wo immer sie ein Stück Wald oder Busch rodeten, bauten sie eine Lehmhütte mit Gras Dach. Das war ein gefährliches Wohnen: Wegen Gefahren, wie Buschbrand, Überschwemmungen. Um einerseits die verpönte Brandrodung zu vermindern und die Leute allmählich zu besserer Zusammenarbeit zu erziehen, verlangte die Regierung, dass jede Familie im Dorf einen Platz wählte und dort als ihren Stammsitz, ein Haus bauten. Da versuchte ich die Leute für den Bau von einfachen soliden Häusern zu animieren. So werden sie mehr Sicherheit haben, gesünder leben und ihren Kindern den Schulbesuch erleichtern. Darüber hinaus schien es mir wichtig, dass die Leute lernten, sich gegenseitig zu ertragen. Viele mieden nähere tägliche Kontakte, weil die Angst vor Zauberei und bösem Einfluss noch lange nicht überwunden war. Wenn jemand krank wurde oder starb, oder, bei einer Missernte, muss irgend ein Sündenbock (Hexe, Zauberer) schuld sein. Natürlich ist der böse Nachbar, oder der nicht freundlich grüßt, oder der bei einem Todesfall nicht seine Teilnahme erwartungsgemäß bezeugt, an allem schuld (?!?).*

Es brauchte Zeit und viel Geduld, bis die Vorteile besserer Häuser einsichtig wurden. Der erste unser Pionier, Rustikus Mfaume, der es wagte für seine Familie und sein Vieh eine Unterkunft mit gebrannten Ziegeln zu bauen, hatte es schwer. Er wurde als Wichtigtuer und Zauberer von andern gemieden! Wir haben ihn verteidigt und unermüdlich für solche Arbeit geworben. Allmählich konnten wir auch unsere Angestellten vom Nutzen besserer Häuser überzeugen und mit unserer Hilfe entstanden immer mehr solche Häuser.

Ich bezahlte an jedes Haus mit gebrannten Ziegeln das halbe Dach (Wellblech; für Lehmbauten gab es keine Hilfe). Innert 16 Jahren habe ich um die 140 solcher Wohnhäuser mitfinanziert. Ich hatte immer genügend Blech auf Lager, damit allen, die es wünschten und sich entsprechend anstrengten – ob katholisch oder nicht – in gleichem Maß geholfen wurde. Das Blech für das halbe Dach bekamen sie gratis, die andere Hälfte gegen Barzahlung. Das Blech durfte erst geholt werden, wenn das

Haus wirklich zum decken bereit war. Sonst bestand die Gefahr, dass sie in eine Notlage gerieten und das Blech verkauften, so dass das Haus eventuell über lange Zeit hinaus unfertig blieb. Als guter Erfolg kann auch die Tatsache gebucht werden, dass nun die meisten „Salianer“ ein solides Haus anstreben und sich tatkräftig dafür einsetzen. Sie haben die früheren Berührungsängste weitgehend überwunden, und können nun Haus an Haus friedlich zusammen leben.

Hausbesuche – Wanderapostel

Als ich spürte, wie sich die einfachen Leute freuten und geehrt sahen, wenn der Pfarrer zu ihnen kam und sich für ihre Lebens- und Arbeitsweise interessierte, verbrachte ich viel Zeit und Mühe, sie zu besuchen, auch auf ihren entlegenen Feldern und Weilern. Es war keine verlorene Zeit. So lernten wir einander besser kennen und respektieren. Ich sah mit eigenen Augen, wo die Not am größten und Hilfe am dringendsten war. Wenn zur Regenzeit die Fahrwege geschlossen waren, war es für mich nicht nur mühevoller, die Außenstationen zu Fuß zu erreichen, sondern auch eine willkommene Gelegenheit, die Christen unterwegs zu besuchen, und mit ihnen die Freuden und Sorgen über Erfolg und Misserfolg ihrer Arbeit zu teilen. Oft entstanden bei solchen Begegnungen fruchtbare Gespräche. Die entferntere Filialkirche im Tal drunten erreichte ich in drei Stunden. Am Samstag Morgen zog ich los, bewunderte die fleißige Arbeit der Reisbauern und das üppige Wachsen und Gedeihen ihrer Feldfrüchte. Da und dort schenkten sie mir ein Ei, eine Hand voll Reis oder eine Portion herrlich duftende Flocken vom ersten, noch etwas weichen Reis. Das waren besondere Ehrengaben.

Nach der Ankunft bezog ich am Ort mein Quartier, empfing im Büro den Katecheten für eine Lagebesprechung und Arbeitsplanung und den liturgischen Ablauf der sonntäglichen Eucharistiefeier. Dann bereitete ich für mich eine Stärkung zu und ruhte mich aus. Am Nachmittag besuchte ich die Kranken in den entsprechenden Weilern. Wenn möglich fuhr ich mit dem Velo; im unwegsamen Gelände ging ich zu Fuß. Anschließend war Beichtgelegenheit für Schüler und Erwachsene - auch am Sonntagmorgen. Nach der Eucharistiefeier – gewöhnlich um 09.00 Uhr vor der größten Hitze - gab es im Büro noch viel Arbeit. Einige wünschten ein Gespräch, andere bestellten, Ehe oder meldeten sich für das Katechumenat oder waren bereit für Tauf- und Ehevorbereitungen. Andere beklagten sich über Hunger, Streitigkeiten...Wieder andere fragten nach einer höheren Schule oder Berufsausbildung für ihr Kind. Schließlich braute ich mir in meiner Miniküche auf dem Gasherd ein leckeres Mittagsmahl, ruhte noch etwas aus und nahm wieder den Weg durch den Busch unter die Füße. Nach drei Stunden talaus und bergauf langte ich Abend müde aber glücklich im Pfarrhaus von Sali an.

Handel mit Agrarprodukten

Ein weiterer Schwerpunkt: Einkauf von landwirtschaftlichen Produkten. Im Bergland von Sali musste alles mühsam erarbeitet werden, alles von Hand. Es gab keine brauchbaren Maschinen für den Ackerbau. Es lag mir viel daran, dass die Leute etwas von ihren Produkten für einen gerechten Preis verkaufen konnten. Es schien mir auch wichtig, dass nicht zu viel in Bier umgesetzt wurde. Zudem brauchten die Leute etwas Geld für ihre Ausgaben (Schule, Spital, Kleider, Reisen...). Es gab kaum andere Möglichkeiten, Sachen zu verkaufen, außer weit entfernt. Um ihnen Zeit und Mühe zu ersparen, schwere Lasten auf dem Kopf zu einem entfernten Markt zu tragen, fühlte ich mich verpflichtet, selber Hand anzulegen. Mit Erlaubnis der Regierung habe ich möglichst viel Reis, Mais, Bohnen, Erdnüsse, Soja, Hirse, Zwiebeln eingekauft, möglichst gut bezahlt und in den Handel gebracht, vor allem für Schulen und Spitäler. Nach der Ernte wurden bestimmte Einkaufstage angesagt. Wenn jeweils eine Ladung Reis beisammen war, ließ ich einen Traktor kommen, um das bestellte Quantum (2, 3,...Tonnen) gegen Barzahlung abzuholen.

Zudem füllte ich jedes Jahr zur Einkaufszeit 40 Fässer (à 200 l) mit Mais, Reis, Bohnen, Erdnüssen...als eiserner Notvorrat. Je nach Bedarf konnten die Leute (Lehrer...) an einem bestimmten Wochentag von diesen Vorräten für Essen oder Aussaat zu günstigem Preis kaufen. Der erzielte Gewinn ging in die Kirchenkasse und der Betrag wurde am Sonntag den Christen verkündet.

Kirchensteuer und Kollekten in Form von Naturalien

Wer immer seine Produkte bei mir verkaufen wollte, musste zuerst die Kirchensteuer abrechnen lassen (ca. 2 kg Reis, pro Person/Jahr). Kinder vom 1. Schuljahr an (10, 20, 30... Cents, in der 7. Kl.: 70). Alle, auch die Schüler, bekamen eine Quittung und wurden registriert. Auch Vorjahre mussten nachgesteuert werden, wie es der Kirchenrat beschlossen hatte. Das war eine wirksame Erziehungsmethode. Jedem stand es frei, seine Produkte anderswo zu verkaufen, wenn er wollte, und die Kirchensteuer bar zu bezahlen. Als Kirchenopfer haben sie auch Naturalien (Reis, Eier, Hühner, Früchte...) tanzend und jubelnd zum Altar gebracht. Zur Erntezeit haben wir in den Dörfern und Weilern Dankgottesdienste gefeiert. Da wurden jeweils ganze Haufen von Naturalien herbeigetragen. Auf diese Weise konnte ich die Pfarrei ohne Fremdhilfe erhalten.

Sorge für die Armen und Alten

Von allen Dörfern hatte ich Listen der hilfsbedürftigen Familien und Einzelpersonen, die jährlich zweimal bedient wurden mit Wolldecken, Tüchern, Kleidern... Meine ausbezahlte Lebensversicherung wurde gänzlich in Wolldecken umgewandelt. Nahrungsmittel wurden gewöhnlich nicht gratis verteilt. Bei solchen Hilfsaktionen mussten immer die gewählten Pfarreiräte des entsprechenden Dorfteils „in corpore" erscheinen. Dann wurden zuerst die Listen hilfsbedürftigen Personen besprochen und bereinigt, was der oder die Beschenkte am nötigsten hatte. Natürlich möchte jemand eine Wolldecke oder ein gutes Kleidungsstück am liebsten für sich behalten, da er/sie und seine/ihre Familie selbst arm ist. Um solchen Versuchungen entgegen zu steuern, wurde jedes Kleidungsstück mit Namen des Empfängers und des zugeteilten Geschenkes, mit dem Pfarreistempel und meiner Unterschrift versehen und vor den Augen aller anwesenden Dorfvertreter verteilt. Damit wollte ich sicher sein, dass den Bedürftigen wirklich „not-wendend" geholfen wurde. Gelegentlich habe ich die Betreffenden gefragt, ob und was sie bekommen haben.

Man hat mich ab und zu gefragt, wie ich denn für die Armen helfen konnte, woher das Geld für die vielen Häuser käme, die ich mitfinanzierte. Das war tatsächlich wunderbar, dass ich bei allem Mangel, so vielen Mitmenschen ihre Not etwas lindern konnte. Ich habe viel Geld bekom-

men von den Wohltätern aus der Schweiz, von meinen Verwandten, von meiner Heimatpfarrei und von Freunden und Bekannten, die mich in meiner Arbeit großzügig unterstützten. Das Wunderbare erlebte ich besonders darin, dass meine Hände immer wieder gefüllt wurden, wenn ich nichts mehr hatte. Je mehr ich den Bedürftigen gab, um so mehr wurden meine Hände wieder gefüllt. Nicht selten flog die Hilfe ins Haus, wenn ich sie gerade am dringendsten brauchte.

Fahr- und Zubringerdienste

Da es in der ganzen Pfarrei nur unser Missionsauto gab, durfte man erwarten, dass es auch den Einwohnern zugute kam. Wenn immer möglich fuhren wir jeden Montag nach Kwiro-Mahenge (Bistums- & Regierungs-Hauptort), hin und zurück. Wir besorgten die Post-, Bank-, Transport- und viele andere Dienste für die Pfarrei. Alle wussten, wann und wohin es eine Fahrtgelegenheit gab. Sie konnten frühzeitig buchen, um ihre Reisepläne zu planen. So hatten wir immer ein volles (nicht überladenes) Auto. Damit ein altes Vehikel mit einem neuen ersetzt werden konnte, haben wir jeden km verrechnet und den Erlös in die Autokasse gelegt. So konnten wir, bevor die vielen Reparaturen anfingen, mit der Autokasse und dem Erlös für das alte, ein neues kaufen. Zur Regenzeit hatten wir immer die nötigsten Mittel (Axt, Schaufel, Bretter, Habegger...) zur Selbsthilfe im Auto. Die Fahrgäste waren gerne bereit, einen Graben zu füllen, einen Baum weg zu räumen..., um heil ans Ziel zu kommen. Jeder Passagier fühlte sich mitverantwortlich und half, wo Hilfe nötig war.

Gewöhnlich habe ich auch die Waren für den Dorfladen in Mahenge eingekauft und nach Sali transportiert. Ich habe hierfür die Transportkosten verlangt. Auf diese Weise konnte viel Geld für Spesen erspart werden. Weil ich für den Dorfladen diese Mühe auf mich nahm, wurde dem Dorf willkürlich die Lizenz entzogen in der Meinung, der Laden gehöre mir. In Wirklichkeit hatte ich absolut keinen Gewinnanteil und kein Geld im Geschäft.

Gewöhnlich ließ ich jährlich etwa sechs bis zehn Tonnen Salz nach Sali bringen, damit es sackweise bei mir für den Laden gekauft werden konnte. Ich wollte sicher sein, dass immer genug Salz dort war, und damit nicht jeder tagelang - zu Fuß – auf Salzsuche gehen musste. Es kam auch vor, dass ich bei unpassender Zeit fahren musste, wenn ich bei Notfällen Kranke oder Verunfallte nach Ruaha oder Mahenge bringen musste. - So erfreuten wir uns auch an der guten Zusammenarbeit beim Unterhalt der Bergstraße.

Episoden und Erlebnisse

Bienen-Plage

An Weihnachten 1977 konnten wir in der Pfarrkirche keinen Festgottesdienst feiern. Als ich am Heiligen Abend die Gläubigen begrüßte, haben ein paar ***Bienen*** *die Anwesenden verunsichert. In wenigen Augenblicken hatten alle das Gotteshaus panikartig verlassen. Ich musste sie gehen lassen und auf den Morgen vertrösten. Als die ersten Christen um 9.00 Uhr zur Messe kommen wollten, schwirrten die Viecher immer zahlreicher um die Kirche. Niemand wollte sich in die Gefahrenzone begeben und so konnte ich, in der leeren Kirche den vorgesehenen feierlichen Gottesdienst nicht halten. Ich musste mich dann in aller Stille mit der Sakristei begnügen.*

Nachher entdeckten wir unter dem Vordach der Kirchenapsis ein riesiges Bienenvolk. Um uns von dieser Plage zu befreien, haben wir uns für eine Radikalkur entschieden. Als beste Lösung schien uns: Die Brut zu verbrennen. Wie soll das geschehen? Es konnte nur nachts passieren, wenn alle Bienen ruhig beisammen waren. Die Bienentraube hing mindestens 8 m hoch, an einem Dachbalken. Es brauchte eine Leiter, eine lange Bambusstange mit Kerosine-durchtränkten Lappen an der Spitze. Ich hatte einen Kopfschutz, eine Brille und Handschuhe an, zog einen Plastiksack über mich, und gab meinem Helfer Anweisungen, sofort zu rufen, falls der Holzbalken Feuer fangen sollte. Ich stieg um 21.00 h mit meiner Feuerstange auf der Leiter empor. Sobald ich das Feuer unter den Klumpen hielt, tropften die versengten Bienen und Wachs wie Regen auf mich herab, so dass ich die Fackel nicht gut kontrollieren konnte. Plötzlich schrie mein Helfer: „Halt! Halt!“ Da hatte das Feuer schon den Balken ergriffen. Ich stieg rasch von der Leiter, warf alles von mir, eilte in die Kirche, um das Allerheiligste an einen sichern Ort zu bringen, ich stieg mit einem Eimer Wasser in den Turm hinauf, um von dort aus eine der Asbestplatten vom Kirchendach zu reißen und zum Brandherd zu gelangen. Doch der Dachboden war voller Rauch; so konnte ich nichts ausrichten. Unterdessen wurden die Schwestern alarmiert; Br. Thomas hat sofort einen Wasserschlauch herbei geholt. Ich band ihn an die Feuerstange und stieg wieder auf die Leiter. Das Wasser floss, hatte aber nicht genug Druck, um wirksam die Glut zu löschen. Zum Glück war es windstill. So wurde die Glut unter Dach nicht ins Kircheninnere geblasen. Der Bienenklumpen fiel dann ab und die Glut verlöschte von selbst. Die Feuergefahr war gebannt und die Bienenplage vorbei! Nachher gingen wir alle in die Kirche, um das Danklied, ein Te Deum, zu singen.

Rache ist bitter-süß

Ich möchte noch einen andern, unerfreulichen Zwischenfall erwähnen. Ein übereifriger Bezirkssekretär hat mich bei der Distriktpolizei wegen Handels ohne Lizenz verklagt. Jener Herr war etwa zwei Jahre zuvor als Karani (Sekretär) im Pfarrbüro von Mpanga tätig; er wurde als Dieb ertappt fristlos entlassen. Nun meinte er, wohl aus einem gewissen Frust heraus, eine gute Gelegenheit zu haben, sich an mir zu rächen. Vielleicht wollte er auch bei der höheren Regierung punkten?

Nun zur Sache: Montags fuhr ich gewöhnlich nach Mahenge (Bank, Post, Einkäufe...). Darum wurde ich öfters gebeten, auch für unsere Nachbarn kleinere Einkäufe zu besorgen. Das habe ich gerne getan, um ihnen damit Zeit und Geld zu sparen. Bei ihren Wünschen ging es vor allem um Turnschuhe, BATA Sandalen, Tücher, Zigaretten...Zum Beispiel, wenn jemand sagte: „Könntest du mir ein Paar Turnschuhe, Nr. 5, 6...bringen?" Dann kaufte ich gleich 3-6 Paare. Oder eine Frau bat mich Tücher zu bringen mit Angabe der Preisklasse. Dann brachte ich gleich 3-4 Paare, um möglichst wenig Umtrieb zu haben. Die gewünschten Sachen wurden dann im Büro abgeholt und bezahlt, wie ich sie erstanden hatte, plus 10 Tansaniaschilling (ca. 20 Rappen!) Trägerlohn. Nun hatte ich eine Lehrerin, die ein Paar farbige Tücher bestellt hatte, wunschgerecht bedient. Sofort kam eine andere Lehrerin und holte ein zweites Paar, weil sie wusste, dass ich 3 Paare gekauft hatte. Schon am folgenden Morgen kaufte eine Tochter das restliche Paar. Obwohl ich ahnte, dass es eine Falle war, gab ich ihr das dritte Paar. Ich wollte alle gleich behandeln und hatte auch nichts zu befürchten. Am dritten Tag rückte die Polizei von Mahenge an mit jenem dritten Tücherpaar in den Hän-

den. Frage: „Haben Sie jener Tochter diese Tücher verkauft?“ Ich bejahte ihre Frage und erwähnte meinen Preiszuschlag von zehn Tansaniaschilling für den Zubringerdienst. Dann folgte eine Hausdurchsuchung unter Führung des Bezirkssekretärs. Alle Kästen mussten geöffnet werden. Der Kläger wühlte mit sichtlichem Vergnügen in meinen Kleidern und andern Habseligkeiten. Jedoch, ohne den geringsten Erfolg. Ich hatte ja nichts, was auf illegalen Handel hinweisen konnte. Zum Trost habe ich der Polizei von mir aus das Ringbuch mit allen Einkaufsbelegen mitgegeben und bemerkt, sie sollen es in aller Ruhe im Polizeibüro durchgehen. Als ich zehn Tage später nach Mahenge fuhr, wurde ich vom Polizeihauptmann lächelnd ins Büro gerufen. Er hat mir gratuliert und die Quittungen ausgehändigt: „Machen Sie nur so weiter!“

Ich habe oben erwähnt, dass mein Kläger wegen seiner Entlassung als Pfarreisekretär in Mpanga, als Br. Magnus Wehrle Pfarrer war, sich vermutlich rächen wollte. Warum wurde er entlassen? Damals wurde der Priester in stockdunkler Nacht zu einem Sterbenden gerufen. Br. Magnus wurde von zwei Männern begleitet und irregeführt. Nach gewisser Zeit verschwanden die „treuen“ Burschen spurlos im Busch. Es war eine Falle! Es gab keinen Sterbenden, der den Priester brauchte. Br. Magnus kehrte heim und entdeckte, was er vermutet hatte, dass die Geldkiste im Pfarrbüro entwendet war. In der Kiste – die als Tresor diente – befand sich alles Spargeld der Einheimischen, das beim Pfarrer als sicher hinterlegt galt. Noch schlimmer: Auch das Sparbuch mit allen Angaben der Namen und der hinterlegten Beträge war drin. Alles war weg. Die ganze Geschichte war wunderbar organisiert von jenem Pfarreisekretär, dem Schlüsselträger. Die Rückzahlung des Geldes an die Sparer gestaltete sich äußerst schwierig. Wer hatte etwas hinterlegt? Wie viel? – Nach diesem Zwischenfall hat der Bischof allen Priestern verboten, nächtliche Krankenbesuche und Versehgänge zu machen.

Nächtlicher Überfall

In einem ähnlichen Zusammenhang steht folgende Begebenheit: Eines späten Abends um 22.00 Uhr wurde an mein Zimmerfenster geklopft. Ich erwachte und fragte nach den Namen. Es wurden zwei mir bekannte zuständige Kirchenräte genannt. Ein Name glich der Stimme der genannten Person. Beim andern passte sie meines Erachtens nicht ganz. Auf meine Frage hin erklärten sie ihr Anliegen. Eine schwerkranke Frau brauche dringend die Krankensalbung. Sie wollten sie ins Spital bringen. Sie hätten gedacht, es sei für mich leichter, wenn ich ihr gleich die hl. Sakramente spende. Darum hätten sie die Trage mit der kranken Frau im Vorhof der Kirche abgestellt. Ich solle mich beeilen, es sei ernsthaft. Ich wusste um die Anweisung des Bischofs, man soll nachts keine Versehgänge machen, aber die 20 Meter über den Kirchenplatz sollten für mich kein Problem sein. Ich hätte nicht gewagt einem Sterbenden Mitmenschen vor der Kirchentüre die letzte Hilfe zu verweigern. Ich habe die beiden noch gerühmt, es sei vernünftig und gut, mir die Arbeit so leicht zu machen. Ich sagte auch, sie sollten einen Augenblick Geduld haben, ich würde gleich kommen. Ich zündete die Laterne an. Dann nahm ich die Laterne und den Schlüsselbund in die linke und die Taschenlampe in die rechte Hand. Dennoch hatte ich Verdacht und leuchtete vorsichtshalber durchs Bürofenster, konnte aber kein Gesicht sehen, weil beide sich in die Ecke duckten.

Dann schob ich vorsichtig den Riegel zurück und öffnete die Tür. Schon sperrte einer seinen Schuh in die Öffnung und wuchtete die Türe auf. Sofort packte mich der Eine am Hals und würgte mich, während der Andere mir die Brille von der Nase nahm. Ich ließ die Laterne fallen und am Boden zerschellen. Auch die Taschenlampe ließ ich fahren und die Schlüssel sausten unter den Kasten. So hatte ich meine Hände frei. Mit einem schnellen Ruck rückwärts - wobei ich an der Tischkante schmerzhaft aneckte - konnte ich mich vom Würgegriff befreien. Dann warf ich mich mit einem starken Adrenalinschub gegen ihn und buxierte ihn durch die Türe über die Eingangsstiege hinunter. Gleichzeitig brüllte ich, so laut ich konnte: „Räuber! Räuber! “Ich selber stürzte mit ihm die Stufen hinunter, verlor eine Sandale, sprang schnell wieder ins offene Büro zurück und verriegelte die Türe. Mein Warnruf verunmöglichte ein Verweilen und trieb die Einbrecher in die Flucht. Der Türsteher, der mir die Brille abnahm, in der Hoffnung, mich orientierungslos zu machen, blieb beim ganzen Überfall draußen. Ihm war offenbar die Aufgabe des Außendienstes übertragen worden.

Dann weckte ich Br. Andreas, der im Obergeschoß am andern Hausende, schlief. Er hatte von allem nichts gemerkt. Zusammen suchten wir mit dem geladenen Karabiner die Umgebung ab. Meine Sandale lag im Gras; aber die Brille war weg. Am frühen Morgen sah ich den Türsteher über den Kirchenplatz rennen. Vermutlich wollte er meine Brille mög-

lichst schnell in Mahenge absetzen. Die beiden waren längst als Diebe bekannt und hatten schon verschiedene gemeinsame „Sachen" gemacht. Unter anderem haben sie der Schule des Nachbardorfes eine Ziege gestohlen. Jeder hat seinen Teil in einem Sack in Sicherheit gebracht. Auf dem Heimweg hat der in Sali Wohnhafte zu nächtlicher Stunde gerade noch etwas Beigemüse eingesackt. Er ließ den Sack am Wegrand liegen, während er im Ackerfeld Süßkartoffeln ausgegraben hat. Zufällig kam ein später Wanderer des Weges und sah den Sack mit dem Ziegenfleisch. Der Dieb hatte auf dem Sack sein wohlbekanntes Hemd liegen lassen. Manchmal entgehen solche Diebe dem Gericht. Aber es gibt ja auch den höchsten Richter, der auch ins Verborgene sieht. Jedenfalls gibt uns das „Nachhinein" unserer Einbrecher zu denken. Der Mann, der mir die Brille nahm, beklagte sich ein paar Monate später über seinen gelähmten rechten Arm. Ein paar Monate später war er im Grab. Der Andere hat in einem Dorf eine Maismühle samt Motor gestohlen und sie einem „Interessenten" verkauft. Er wurde dafür vor Gericht gestellt und verurteilt. Die Maschine wurde weder vergütet noch dem Eigentümer zurück erstattet. Zu allem hin war der Dieb nach einem Monat wieder auf freiem Fuß. Warum? Er habe ans höhere Gericht appelliert.

Die Dorfbewohner waren wütend und sagten: „Wenn es um die Gerechtigkeit so bestellt ist, werden wir selbst zum Rechten schauen". Bei erst bester Gelegenheit wurde auf ihn geschossen. Er hatte Glück, weil das Geschoss nur seine Hand verletzte. Er hat dann fluchtartig das Dorf verlassen und sich anderswo niedergelassen. Auch von dort wurde er längst wieder vertrieben.

Missgeschicke

An einem freien Tag machte ich einen Spaziergang ins romantische Gongo-Tal. Dort befand sich in einem Reisfeld eine kleine verlassene Hütte, die im Vorjahr einer Familie als Unterschlupf gedient hatte. Ich trat ein, um sie etwas genauer anzuschauen. Nach ein paar Minuten juckte es mich am ganzen Körper. Eine ***Floh-Invasion****! Diese armen Geschöpfe waren total ausgehungert und machten sich nun gierig ans lang ersehnte Opfer. Zum Glück war in der Nähe ein kleiner Wasserfall. Dort* *zog ich meine Kleider aus, klopfte sie aus und stellte mich unter den Wasserstrahl; für die Flöhe war es vorbei mit ihrem kurzen Glück!*

Mein Ziel war heute der herrliche Urwald. Ich wanderte Schweiß triefend einem rauschenden Bach entlang, um mich an einer günstigen Stelle im kühlen Wasser zu erfrischen. Ich legte meinen Rucksack und die Kleider, auf einen Baumstamm und setzte mich daneben. Da summten ein paar Bienen herum. Als ich mich etwas umsah, hatte ich schon ein paar Stiche abbekommen. Dann erst entdeckte ich ihre Brutstätte. Ich sass ausgerechnet neben dem Ausgang ihrer Wohnung. Begreiflicher Weise wehrten sie sich gegen diesen lästigen Ruhestörer! Ich musste die Kleider & den Rucksack liegen lassen und fliehen, nackt wie ich war. Ein ganzer Schwarm verfolgte mich bach-auf, bach-ab. Immer, wenn ich mich hinter einen Steinblock duckte, machte sie kehrt und verfolgten mich von neuem. Da bekam ich nochmals ein paar Stiche. Eine Biene stach mich mitten ins Auge. Da ich keine Allergien habe, erholte ich mich bald wieder; auch das Auge nahm keinen bleibenden Schaden. Meine letzte Sorge war aber der Rucksack und die Kleider beim Bienenloch! Die mussten aus der Gefahrenzone geholt werden. Also vorerst Abstand nehmen und geduldig warten, bis sich die Aufregung im Bienenvolk gelegt hatte. Dann machte ich aus einem langen abgebrochenen Ast einen Angelhaken. Nach einiger Zeit gelang es mir Stück für Stück außer Gefahr zu ziehen.

Armbruch

Eines Tages musste ich an der Hauswand einen Blechbund verschieben. Als das Schwergewicht des Blechs überschwappte, versuchte ich den Fall zu verhindern. Da mir das nicht gelang, hat es mich zu Boden gedrückt und den rechten Arm gebrochen. Auch das Gesicht war verletzt. Ich brauchte dringend Spitalpflege. Das Auto war da, aber niemand konnte es lenken außer mir. Unter größten Schmerzen musste ich mit dem gebrochenen Arm die Gänge bedienen. Ich schaffte es bis Ruaha. Von dort führte mich jemand nach Ifakara.

Scheintod

Eine ähnliche Notfallsituation entstand, als ich den Arbeitern half, einen Graben zu überbrücken. Da musste ein großer Steinblock verschoben werden. Bei dieser Arbeit spickte ein Keil weg, so dass der Block umkippte und mich an die Wand drückte. Ich war sofort bewusstlos. Man hat mich aus dem Graben geschleppt und flach hingelegt. Die Arbeiter gerieten in Panik, und einer rannte sofort los, um dem Nachbar-Pfarrer meinen Tod zu melden. Nach einiger Zeit wachte ich auf. Man verriet mir, dass jemand unterwegs nach Ruaha (5 km) sei, um Hilfe zu holen. Da stieg ich kurzerhand ins Auto, um den Eilboten einzuholen. So konnte ich der Todesmeldung zuvor kommen.

„Träfes“ Predigtbeispiel

In einer Sonntagspredigt erklärte ich den Zuhörern, wie man sich vor Versuchungen wappnen solle, um nicht leicht überwältigt zu werden. Ich erwähnte, dass man bei unsern Buschstraßen die nötigen Hilfsmittel im Auto mitführen muss, wie Axt, Buschmesser, Schaufel, vor allem aber auch genügendTreibstoff! Man möchte ja nicht hilflos stecken bleiben, vor allem in der Regenzeit. Wer nicht daran denke, könne folgenschwere Überraschungen erleben. Ich fügte dann noch bei, dass nur ein Dummkopf mit leerem Benzintank fortfahre. Am folgenden Montag fuhr ich mit acht Passagieren nach Mahenge. Was mussten wir da erleben? Zehn km vor unserem Zielort, fing der Motor zu stottern an und stand still! Alle „Wiederbelebungsversuche“ halfen nichts! Was fehlte denn? Natürlich kein Benzin mehr! Der „Dummkopf“ saß selbst am Steuer! Er kratzte sich in den Haaren..., und alle kratzten sich in den Haaren, schauten einander an...! Und konnten nur noch lachen...und lachen! Alle gratulierten mir lachend zu meinem träfen Predigtbeispiel, das den Nagel genau auf den Kopf getroffen hatte! Nach der endlosen Lachsalve folgte der bittere Ernst. Es musste für Abhilfe gesorgt werden. Jemand opferte sich (für ein Trinkgeld), in Kasita bei unseren Mitbrüdern „Most“ für das Auto zu holen. Nach zwei Stunden war ein gütiger Mitbruder vom Kloster Kasita mit dem Auto und dem nötigen Treibstoff auf dem Platz. In der Zwischenzeit hatten wir reichlich Gelegenheit, das „unvergessliche“ Beispiel zu kommentieren und auszuschlachten. Niemand war mir böse deswegen und alle hatten das Gaudi. Wer heute noch lebt, und sich daran erinnert, lacht heute noch! Seither fuhr ich nie mehr ohne Treibstoff auf große Safari!

Fataler Misserfolg

Mit Hilfe des Schweizer Fastenopfers habe ich für Sali die Trinkwasserversorgung einrichten lassen. Leider fiel mein Heimaturlaub genau in die Zeit, als die Arbeit am Projekt begann. Das Material war auf dem Platz. Die Distriktsregierung von Mahenge stellte die Fachleute und übernahm die Leitung der Arbeit. Leider wurde aus dem ganzen Unternehmen ein totaler Pfusch. Warum? Erstens wäre ein doppelter Auffangtank absolut nötig gewesen. Das Wasser hätte sich in der ersten Kammer gesetzt und den Sand abgelagert, und wäre durch ein Filterrohr in die zweite Kammer geleitet worden. Zweitens wurde das Wasser durch eine Senke ins große Reservoir geleitet. Es hatte zu wenig Gefälle und folglich zu wenig Druck. So füllte sich die tiefer liegende Leitung unweigerlich mit Sand. Das Rohr wurde hoffnungslos verstopft. Man hat anfangs versucht die Leitung zu öffnen und zu lüften, aber auch das brachte keine Dauerabhilfe. Der „Fachmann“ („Schlufi“) wurde von der Regierung abgesetzt. Das Projekt war abgeschlossen, und niemand wollte sich weiter darum bemühen. Ein weiterer Eingriff lag nicht in meiner Verantwortung, obwohl ich mich sehr ärgerte. Auch war kein Geld vorhanden für eine sehr aufwendige Korrektur.

Freud und Leid am Erstkommunionfest

Meine Schwestern Hedy und Josy waren im August 1990 bei uns in Sali zu Gast. Jeder Tag brachte ihnen neue Kontakte und allerlei Erlebnisse. Der große Festtag für 28 Erstkommunikant/Innen wurde wie üblich besonders feierlich gefeiert. Nach der hl. Messe wurden die Kinder auf dem großen Kirchenplatz mit Spielen, Gesang und Musikband umjubelt und dann von ihren Eltern und Verwandten auf den Schultern heimgetragen. So durften auch die Zwillingsbuben von Leonidas Ng`gandu und Rafaela Mahongoli mit großer Freude den Leib des Herrn zum ersten Mal emp-

fangen und mit ihren Eltern, Geschwistern und Nachbarn feiern. Am Nachmittag statteten wir ihnen einen kurzen Besuch ab und brachten ihnen kleine Geschenke. Meine Schwestern haben die Familie fotografiert. Wir wussten zu jener Stunde nicht, dass für die Mutter Rafaela ihr zehntes Kind erwartete, und dass die Zeit ihrer Niederkunft unmittelbar bevorstand. Sie war fröhlich und hat mit ihrer Familie das Fest voll mitgefeiert.

Am späten Abend saßen wir 3 Geschwister im Pfarrhaus zusammen und spielten mit Frater Andreas Goha „Last Card". Um 22.30 Uhr wurde ich von der Hebamme unserer Krankenstation gerufen. Sie sagte, Rafaela, die Mutter der erwähnten Zwillinge habe ihr Kind geboren, müsse aber dringend ins Spital gebracht werden, weil die Nachgeburt nicht weg gehe. Darum rüstete ich mich unverzüglich zur nächtlichen Fahrt nach Mahenge (50 km). Auf dem Weg hat die gute Mutter mir im Auto zum Abschied die Hand gedrückt. Kurz vor Mitternacht erreichten wir das Spital, aber der zuständige Arzt war nirgends zu finden. Ich musste ihn zuerst suchen und fand ihn dann in einer Bar, in „beduseltem" Zustand. 20 Minuten nach meinem Weggang vom Krankenhaus war Rafaela tot. Man konnte sie nicht mehr retten. Der Säugling ist am dritten Tag ebenfalls gestorben. Ich muss noch beifügen, dass der Vater Leonidas auf die zu erwartenden Komplikationen aufmerksam gemacht worden ist, sich aber geweigert hat, seine Gattin für die Geburt ins Spital zu bringen. Es werde schon gehen, sie habe bisher immer alles gut überstanden.

Fußballmatsch mit tragischem Ausgang

Am 2. Maisonntag 1991 wurde ich feierlich und offiziell von der Pfarrei Sali verabschiedet. Zu meiner Ehre und Freude spielten 2 Sali-Teams einen Fußballmatsch. Leider wurde der Torhüter, ein 19-jähriger, liebenswürdiger und tüchtiger Schreinerlehrling, Festo Jabiri, dabei verletzt. Ein scharfer Ball knallte auf seinen Bauch. Man musste ihn vom Platz wegtragen. Ich brachte ihn notfallmäßig ins Spital nach Mahenge. Die Diagnose lautete: Leberriss. An sich war die Verletzung nicht lebensgefährlich, aber die nachlässige Pflege verursachte folgenschwere Komplikationen: Erkältung, Fieber, Lungenentzündung... Als ich ihn drei Tage nach dem Unfall besuchte, lag er frierend und fiebernd im Bett. Er war nur mit einem dünnen Leintuch bedeckt. Er hätte dringend warme De-

cken gebraucht – es war in der kalten Jahreszeit - aber niemand hat ihm besseres Bettzeug gebracht. Als ich ihn so leiden sah, ahnte ich, dass es nicht gut enden werde. Tatsächlich ist der sonst so robuste junge Mann am fünften Tag verschieden.

Kurze Rückblende

Innert kurzer Zeit musste alles auf die Übergabe der Pfarrei an die Diözesanpriester hin vorbereitet werden. Nach feierlichen, aber wehmütigen Abschiedszeremonien kam die Abreise, nach 16 Jahren harter Arbeit und mit vielen guten und mühevollen Erfahrungen!

1911 haben die Benediktiner Sali gegründet. 1915 starb der erste Pfarrer, P. Bernhard Busch, an Schwarzwasserfieber. Dann hatten italienische Consolata Missionare ein paar Jahre lang das Sagen. Im Jahr 1921 sind die ersten Kapuziner nach Mahenge gekommen und haben seither auch Sali betreut. Ich war der 38. und letzte Sali Pfarrer. Insgesamt waren dort in den 70 Jahren der „Kapuziner-Präsenz" 58 Priester und 20 Brüder am Werk. Ein früherer Pfarrer sagte mir vor meinem Amtsantritt: „Pass auf! Die Leute von Sali sind schlau und sehr kritisch! Die ersten zwei Jahre sind dort für jeden Priester hart und mühsam. Aber wenn du diese Zeit heil überstehst, dann hast du sie gewonnen!" So war es auch. Es gab ein paar Perioden mit allerlei Intrigen und Aggressionen. Aber dann wuchs das gegenseitige Vertrauen von Jahr zu Jahr. Als die Leute spürten, dass wir uns ganz für sie einsetzten, war das Eis gebrochen. So durften wir in jeder Beziehung ihre dankbare Anerkennung und ihr Wohlwollen erfahren. Wir Priester und Brüder hatten immer das eine Ziel im Auge: Jede Arbeit, ob seelsorglicher, geistiger oder körperlicher Natur, sollte Hilfe zur Selbsthilfe sein. So war es für mich, trotz Abschiedsschmerz, eine große Freude und Genugtuung, die Pfarrei Sali in einheimische Hände zu übergeben. Mit Freude darf ich auch erwähnen, dass Sali schon mehr als 20 Priester & Ordensleute hervorgebracht hat, u.a. auch 2 Kapuzinerpriester.

Nach harter Arbeit muss gefeiert werden

Mehrmals hörte ich kritische Worte über schwulstige Trink- und Tanzfeste afrikanischer Volksgruppen. Es mag stimmen, dass diesbezüglich da oder dort „über die Schnur gehauen wird". Je besser ich die Leute und ihre Lebensweise kennen lernte, um so mehr Verständnis und Sympathie hatte ich für ihre Feste. Man empfindet und leidet mit ihnen, wenn man den Arbeitsaufwand näher anschaut. Das arme, mühsame Leben, die harte Arbeit fordert von ihnen beinahe übermenschliche Energien. Alles geschieht mit zäher, harter Handarbeit. Zuerst wird ein guter Pflanzort gesucht, der rechten Ertrag erhoffen lässt, manchmal 2-3 Wegstunden entfernt. Dann wird tage- oder wochenlang der Busch mit Axt und Messer abgehackt. Alle sollten ihr Feld zur gleichen Zeit gerodet und zum Anzünden bereit haben. Das Feuer wird nach strengen Regeln bewacht und gelenkt. Vor dem ersten Regen muss alles geräumt werden. Es herrscht größte Gefahr, dass das Feuer Menschen, Gebäude, Wald und Nachbarpflanzungen erwischt, und viel Schaden anrichtet. Unverbranntes Gehölz, Gesträuch und Dornen müssen weggeschafft werden, bis der Boden frei ist für die Saat. Nach dem ersten Regen, wenn der Boden etwas aufgeweicht ist, wird der Samen sorgfältig gesteckt oder in die Erde versenkt. Die Samenkörner dürfen nicht auf dem nackten Boden liegen bleiben, sonst werden sie am gleichen Tag schon von den Vögeln geraubt. Aber auch gedeckter Samen wird ausgescharrt und herausgepickt, wenn nicht aufgepasst wird. Mit der Saat schießt auch viel Unerwünschtes ins Kraut. Es muss gejätet werden. Wenn die Saat aufgeht, wollen die Gazellen, Büffel...vom frischen Grün möglichst viel erhaschen. Um Wildschweine fernzuhalten werden die Felder mit Bambushecken umzäunt. Da und dort wird ein kleiner Durchlass gemacht, und dahinter ein tiefes Loch gegraben. Wenn sie Glück haben, fällt ein Schwein in die Falle und beschert sie mit einem „Braten". Wenn die Ernte naht, kommen wieder die Affen und die Vögel, die ihren Anteil erhaschen möchten. Darum erfordert eine Pflanzung viel mühsamen Dauereinsatz und harte Arbeit bei gutem und schlechtem Wetter.

Webevögel

Zur Pflanzzeit werden vielerorts die Vögel zur ernsthaften Plage. Vom frühen Morgen bis Sonnenuntergang müssen die Felder bewacht werden. In großen Schwärmen stürzen sie sich auf die Beute, bald hier bald dort. Eine Person allein kann kaum ein weites Feld hüten, vor allem, wenn es nicht übersichtlich ist. Das Feld muss dauernd gehütet und die frechen Vögel verscheucht oder ferngehalten werden Die Bauern behelfen sich mit verschiedenen Methoden. Sie tun es mit viel Lärm, mit langen Ruten, aufgehängten Blechdeckeln und aufgestellten Schreckgestalten. Die Buben halten stets ihre Steinschleuder bereit, um möglichst viele Vögel abzuknallen und sie gleich mit Haut und Federn am Feuer zu braten und genüsslich zu verzehren. Es gibt mehrere gefräßige Vogelarten, vor allem sind es die frechen Sperlinge. Unter den Spatzen sind die ***Webevögel*** *die am meisten gefürchteten. Es sind robuste, goldgelb leuchtende Vögel, fast so groß wie unsere Amseln. Sie treten immer in Schwärmen auf. Zur Brutzeit nehmen sie gemeinsam einen alleinstehenden hohen Baum in Besitz. Wir hatten in Sali vor der Kirche und vor dem Pfarrhaus ein paar ertragreiche Kokospalmen. Plötzlich machten sich hunderte von Webern über eine Palme her, um ihre Nester zu bauen. Mit lautem Gezwitscher schneiden sie Streifen und Fäden von den Palmblättern und weben damit runde Nester, die sie an den Ästen aufhängen. Den Eingang platzieren sie stets auf der Unterseite. In wenigen Tagen hängen sie hundert +...Nester an die Palme, wie Kugeln am Christbaum. Sie bearbeiten den Baum radikal, bis von den Ästen nur noch das Gerippe ohne Blattgrün übrigbleibt. So traktierten sie die vier in Sali und unsere fünf gesunden Palmen bei der Filialkirche in Ebuyu. Alle verdorrten, kein Baum kann ohne Blätter leben. Denn sie versorgen die Pflanze mit dem nötigen Sauerstoff wie die Lunge den Menschen oder das Tier.*

Als der Kampf der Webervögel an unseren Palmen in vollem Gang war, hatten wir Gäste von Ifakara bei uns. Sie meinten, wir sollten diesen Schädlingen den Garaus machen. Zuerst haben wir die Nester hinunter geschlagen. Aber sofort wurden neue geflochten. Eines Abends verbrannten wir ihre „Wohnungen". Am andern Tag haben sie von neuem begonnen. Dann versuchten wir es mit einer Vogelflinte. Dutzende muss-

ten ihr Leben lassen. Auch so haben wir den Kampf verloren. Die Vögel waren stärker. Sie haben alle Palmen getötet.

An diesem Beispiel spüren wir etwas vom harten, monatelangen Kampf, den unsere Leute mit zäher Geduld und mühsamer Arbeit durchstehen müssen, bis sie ihr Brot genießen dürfen. Im Regen oder unter der glühenden Sonne sind sie draußen. Bei den erwähnten mühsamen Arbeiten plagt sie stets die Unsicherheit: Ist eine gute Ernte zu erwarten? Gibt es günstiges Wetter? Was geschieht, wenn der Regen ausfällt und alles vertrocknet? Haben wir noch genug Samen, wenn eine zweite Aussaat nötig wird? Wie soll es weiter gehen, wenn das Feld von wilden Tieren, Hochwasser, oder Erdrutschen...zerstört wird? Dann droht das Hungergespenst. Wird ein böser Nachbar unser Feld verhexen? Das ist harte Arbeit unter Hoffen und Bangen. Endlich kommt die Erntezeit. Sie ist sehr verheißungsvoll. Alle, jung und alt, Freunde und Nachbarn helfen einander bei der Erntearbeit. Ähre um Ähre vom Reis, Kolben um Kolben vom Mais wird gebrochen und an den Wegrand gelegt. Dann werden die Feldfrüchte in schweren Lasten auf dem Kopf zu ihren Speichern getragen. Oft liegen die Pflanzungen sehr weit vom Dorf entfernt. Entweder bauen sie auf den Feldern Lagerhütten oder schleppen die Erträge gleich in ihre ständigen Siedlungen. Wenn schließlich nach allen Mühen und Wechselfällen eine gute Ernte unter Dach und Fach ist, dürfen sie aufatmen. Da werden sie von dankbarer, überschäumender Freude ergriffen. Das muss wie ein großer Sieg gefeiert werden. Die Freude muss geteilt werden. Die abwesenden Familienangehörigen werden heimgerufen. Gäste werden eingeladen. Da gibt es Dankfeste, Bier wird gebraut, eine Musikband muss her, es wird getanzt und gesungen. Wer dürfte ihnen verbieten, solche Feste zu feiern? Das ist doch eine Art Lohn und Genugtuung für die überstandenen Mühen. Jetzt fühlen sie sich sicher. Die Arbeit war nicht umsonst. Es reicht mit Sicherheit bis zur nächsten Ernte. Es ist kein Hunger zu befürchten. Sie können etwas verkaufen, ihre Schulden bezahlen, neue Kleider posten. Vielleicht reicht es sogar für ein solides Bett, eine Matratze, ein Velo, das Schulgeld der Kinder, die eine höhere Bildung anstreben. Solche Überlegungen erfüllten mich mit Freude, wenn ich die Leute festen und tanzen sah. Und ich gönnte es ihnen mit aufrichtigem Herzen und feierte mit. Bei den meisten afrikanischen Volksstämmen ist das soziale Verhalten äußerst wichtig, und wird auch heute noch gepflegt. Pflanz- und Erntearbeiten werden gemeinsam verrichtet: Heute da, morgen beim Nachbarn. Immer wird die

Arbeit mit einem gemeinsamen Essen und Bier belohnt. Bei Geburten, Todesfällen, Taufen, Hochzeiten, Erstkommunion, Firmung sind alle beteiligt. Alle helfen mit, essen, trinken, tanzen, feiern mit. Straßen, Wege, Brücken, Schulhäuser werden gemeinsam gebaut, und mit einem gemeinsamen Essen und mit nahrhaftem Bier beendet.

Hochfeste

Bei besonderen Gelegenheiten, wie Priesterweihe, Primiz, Hochzeiten, Firmung, Jubiläen.., war die ganze Pfarrgemeinde beteiligt. Das verlangte kluge Planung auf lange Sicht.

Der Pfarreirat rief Vorbereitungs-Kommissionen ins Leben. – Ein Team sorgte für die Gästeliste, andere waren verantwortlich für den Empfang, die Unterkunft und die Bewirtung der Gäste, die Essräume, Besteck und Essgeschirr. Es gab eine besondere Bierkommission. Sie hatte die Aufgabe, die Frauen zu wählen, die das beste, sauberste Bier brauten. Das Gebräu wurde rechtzeitig bestellt, bezahlt und herbeigeschafft und bewacht. Eine Kommission sorgte für Unterhaltung: Eine oder mehrere Musikband(s) musste(n) bestellt und bezahlt werden. Sie sorgten auch für einen ruhigen Ablauf des Unterhaltungsprogramms: Reden, Spiel, Witze, Musik und Gesang. Sehr wichtig waren die Verantwortlichen für die Fleischversorgung. Sie mussten die Jagdlizenz einholen für die Tiere, die für das Fest nötig waren: 1, 2 oder 3 Büffel, Antilopen..., je nach Bedarf. Sie waren verantwortlich, dass das Fleisch in gutem Zustand zum Festort kam, streng bewacht wurde und in schmackhaftem Zustand und in genügender Menge auf den Tisch gebracht wurde. Schließlich wurde auch ihnen als Lohn gewisse Teile vom Tier für ihre Familien zugestanden. Wieder andere Gruppen wurden beauftragt, für Ordnung und Sicherheit, für Toiletten und Waschanlagen zu sorgen. Andere schauten, dass die Gäste aus den Dörfern der Pfarrei am jeweils zugewiesenen Ort - ohne Streit - genug zu essen und trinken bekamen. Ich musste immer staunen, wie reibungslos solche Feste durchgeführt wurden.

Neue Herausforderung

Abschied von Sali - Anfang in Dar es Salaam

Mir ging und gefiel es gut in Sali. Die Leute schätzten mich und meine Arbeit. Man hörte schon: „Den bringt ihr nicht mehr weg von Sali!" Im März 1991 kam unerwartet der Ruf nach Dar es Salaam. Br. Isidor Peterhans, der damalige Vizeprovinzial, gab mir eine Woche Bedenkzeit. Soll ich ja-sagen und das heimelige klimatisch angenehme Sali mit der Gluthitze von Dar es Salaam und mit der viel größeren Arbeit und Verantwortung tauschen? Wer wird den Bau der geplanten Kirche der Außenstation Isyaga an die Hand nehmen? Wir haben viele Jahre darauf hin gearbeitet. Es wurde viel Fronarbeit geleistet. Der Bauplatz ist bereit, die Ziegel sind gebrannt, das Holz und das Blech für das Dach sind da.

In ***Mbagala – Dar es Salaam*** *sollte ich den tüchtigen und beliebten Br. Wolfram Burkart ablösen und die Leitung des dortigen Bildungszentrums übernehmen. Es wartet ein neuer und sehr anspruchsvoller Verantwortungsbereich auf mich. Für diese Aufgabe war zwar Br. Gandolf Wild bestimmt; er konnte aber wegen eines Herzinfarktes sein neues Amt nicht antreten. Bin ich dieser Herausforderung gewachsen? Ich habe* ***ja*** *gesagt, im Vertrauen auf Gott und auf die Obern, die meinten, ich sei dazu fähig. Schließlich wusste ich auch um die Mithilfe erprobter Mitarbeiter/innen.*

Leben in der Großstadt

Am 15. Juni habe ich in ***Mbagala*** *meine Arbeit aufgenommen. Vieles war neu für mich: Nach mehr als 20 Jahren Einsatz als Landpfarrer! Plötzlich in der Großstadt Dar es Salaam! Weil die Seelsorge für mich immer den Vorrang hatte, sah ich in der Administrationsarbeit nicht mein höchstes Ideal. Immerhin ist die Buchhaltung, die Ökonomie, die zu meinen Aufgaben gehörten, eines meiner Hobbies. Alles in allem: Ich habe mich schnell an die neue Umgebung, die vielen neuen Mitarbeiter/innen, die neue Arbeit und das feucht-heiße Klima gewöhnt. Allmählich fand ich mich in meinem vielfältigen Aufgabenbereich und in den verschlungenen Gassen von Dar es Salaam zurecht und fühlte mich gut zuhause.*

Meine Verantwortungsbereiche

Die Leitungsarbeit eines Zentrums mit 100/120 Betten, 40 Vollzeit-Angestellten und einem siebenköpfigen Führungsteam verlangten viel Energie. Dazu kamen eine Menge von Verpflichtungen: Nebst Ökonomie und Buchhaltung gehörten auch die geistliche Leitung des Zentrums, der Filialkirche St. Antonius - ursprünglich Pfarrkirche – und des Klosters zu meinem Verantwortungsbereich. Das Kloster stand erst im Rohbau da. Als Guardian übte ich die Bauaufsicht bis zur Übernahme aus. Ferner oblag mir die Sorge für die Schreinerei, die großen Parkanlagen mit den Obst- und Gemüsegärten. Wichtig waren auch die Kontakte mit dem Provinzialat, mit den Obern der Männerorden, den kirchlichen und politischen Gremien. Viel Zeit und Geduld brauchte ich für die zahlreichen Besuche und mühsamen Verhandlungen mit den verschiedenen Ämtern und Regierungsbüros. Damit bei allen Arbeiten meine Kräfte nicht zu schnell aufgerieben wurden, erholte ich mich gelegentlich beim Schwimmen im nahen Meer. Weil ich großes Interesse an den Briefmarken hatte und im Zentrum viele absetzte, war ich auch einige Jahre Mitglied der nationalen Briefmarkenkommission.

Arbeitsteam im Mbagala Spiritual Centre

Zum Glück hatte ich treue und tüchtige Mitarbeiter/-Innen.

Mitbrüder: Br. Donat war verantwortlich für unsere Bildungsprogramme. Er war daneben Inspirator und hauptverantwortlicher Leiter der katholischen, charismatischen Bewegung für ganz Tanzania. Br. Artur wirkte als geschätzter Exerzitienmeister und war National Kommissar der FG. Br. Fidelis Versari aus Bologna wirkte als eifriger und einsatzfreudiger Priester, vor allem im karitativen und schulischen Bereich. Ein einheimischer Mitbruder war für die Einkäufe, Reparaturen, Parkanlagen und die Schreinerei zuständig.

Für den Autopark hatten wir einen erfahrenen Mechaniker und Chauffeur, der unsere fünf Autos stets fahrtüchtig hielt. Ferner hatten wir zwei, zeitweise drei, Baldegger Schwestern, von denen Sr. Winfrieda von Anfang an, seit 1985, dabei war. Sie war meine rechte Hand, die sich verantwortungsbewusst mit voller Kraft einsetzte für Küche, Service, Unterkunft der Gäste und für das Wohl der Angestellten. In jeder Beziehung bemühte sie sich um die reibungslose Entwicklung und Modernisierung des Zentrums, vor allem in der Küche und den Gastzimmern. In den regelmäßigen Sitzungen des Leitungsteams konnten wir miteinander alle anstehenden Fragen und Probleme offen besprechen und die nötigen und auch möglichen Lösungen suchen. Auch die Angestellten wurden zur Mitverantwortung angeholten. Sie durften ihre Ansichten, Wünsche und Anliegen einbringen.

Klosterbau in Mbagala

Wie ich bereits erwähnte, wurde mir Im ersten Jahr meines Einsatzes in Mbagala der **Bau unseres Klosters** *für 8-10 Brüder überantwortet. Architekt Harald Frey hat beste Arbeit geleistet. Das Kloster wurde im Februar 1993 - an meinem 60. Geburtstag,- vom damaligen Provinzial, Paul Hinder, zu Ehren des hl. Antonius eingeweiht.*

Aushilfsseelsorger – Mafia-Pfarrer

Trotz vollem Arbeitspensum, fand ich immer wieder Zeit und Gelegenheit, als Seelsorger meine Kräfte einzusetzen: So in unserer Antonius Kirche, in Zakhiem, der Pfarrei von Br. Wolfram, in andern Stadtpfarreien. Von Mbagala aus bediente ich an Wochenenden sporadisch mehrere, teils über 100 km entfernte Orte als Wanderapostel. Unser Pfarrer, Br. Wolfram war sehr froh, wenn ich ihm helfen konnte. Im schnell wachsenden Stadtteil Kijichi entstand in kurzer Zeit eine große neue Pfarrei. Ich habe in einem Raum, in einem neuen Bankgebäude mit 14 Gläubigen den ersten Gottesdienst gefeiert. Am dritten Sonntag waren es schon 70. Bald entstand eine Notkirche, und auch diese musste kurz darauf durch eine riesige Pfarrkirche ersetzt werden. - Ich leitete auch Exerzitien und Einkehrtage in unserem Zentrum oder bei Ordens- und Priestergemeinschaften und Pfarreien.

*Bald wurde ich auch Quasipfarrer von **Mafia**, einer Insel im Indischen Ozean, 35 Flugminuten von Dar es Salaam entfernt. Dorthin flog ich 5-mal jährlich, für je 8 Tage harter Arbeit, um jeweils den Hauptort, alle 10 Stationen und das Gefängnis zu besuchen. Auf der Insel Mafia lebten unter 50 000 Muslimen fast 5 000 Katholiken ohne Priester, dafür gab es gute Katecheten. Das war eine sehr strapaziöse Arbeit. Aber jeder Inselbesuch war für mich und die dortigen Christen ein Fest. Wir hatten kein eigenes Auto auf der Insel und waren immer auf Gedeih und Verderb der dortigen Regierung ausgeliefert. Es geschah mehrmals, dass zum vereinbarten Zeitpunkt kein Auto zur Verfügung stand. Wir mussten immer bei der Regierung ein Auto mieten. „Haben Sie Geduld! In einer Stunde wird der Chauffeur kommen“. Die Zeit verging, nichts regte sich! Nach erneuter Nachfrage hieß es, das Auto sei anderswo unterwegs. Statt dem schon gekauften Diesel musste wieder Benzin geholt werden...Solche Erfahrungen waren äußerst frustrierend! – In der Zwischenzeit sind die enttäuschten Gläubigen des vorgesehenen Dorfes ohne hl. Messe nach Hause gegangen. - Nach solchen unguten Erfahrungen hat Kardinal L. Rugambwa, der Bischof von Dar es Salaam, für Mafia ein Auto gekauft und hinüberschaffen lassen. Gott sei Dank! Jetzt war der Frust vorbei. Wir konnten unsere Gottesdienstzeiten vernünftig planen und die Christen kamen in grösserer Zahl zu unseren Eucharistiefeiern, weil sie sich auf die angesagte Zeit verlassen durften.*

Osternacht auf Mafia

Von den +/- 50 000 Bewohnern der Insel Mafia bekennen sich +/- 90 % zum Islam. Dass die Christen dort den Muslimen, wie Störenfriede vorkommen, kann man verstehen. Dennoch durfte ich mich an ihrer Gastfreundschaft und friedfertigen Art freuen. Ich habe dort nie bösartiges oder aggressives oder verächtliches Verhalten von Muslimen erfahren. Gelegentlich entdeckte ich in unseren Gottesdiensten einen Teilnehmer muslimischen Glaubens. So wurde ich in der Osternacht nach dem feierlichen Auferstehungsgottesdienst von einem hochrangigen Muslim überrascht. Vor der Kirche hatte er auf mich gewartet und mich begrüßt. Er stellte sich vor als der Oberscheich von Mafia und stellte mich zur Rede. „Darf ich Sie etwas fragen?“ Sagte er. Es handelte sich um die zentrale Glaubensfrage unseres christlichen Bekenntnisses: Die Gottheit Jesu.

Ohne langes Hin und Her kam er mit der herausfordernden Frage: „Können Sie mir einen Schrifttext nennen, in dem Jesus sich selbst ausdrücklich und bewusst als **Gott** *offenbart?“ Ich dachte an verschiedene Bibelstellen, die die Gottheit Jesu bezeugen. Ich konnte ihm aber nicht gleich sagen: „In Johannes, Lukas...Kapitel so und so...heißt es...“ Da fiel mir der rettende Gedanke an das Versprechen Jesu ein, das er sterbend am Kreuz dem Schächer geschenkt hatte. Darum fragte ich den Scheich: „Was meinen Sie: Wie konnte Jesus dem Schächer versichern: Heute noch wirst Du mit mir im Paradiese sein? Hat er nicht im Wissen um seine göttliche Vollmacht, jene wunderbare Aussage gemacht?“ Daraus entstand keine weitere Diskussion! Aber der ehrliche Mann bedankte sich und ging schweigend von dannen. Wie er diese Überlegung weiter verarbeitet hat, kann ich nicht beurteilen. Ich habe ihn seither nie mehr gesehen.*

Zwischenfälle

Zwischenfälle und Überraschungen gab es auch dort. Bei einem Besuch auf der Insel Mafia feierte ich an drei Orten die hl. Eucharistie, überall verbunden mit viel Beichthören. Auf der dritten Station gab es eine feierliche Hochzeit. Nach der Messe wollte ich das Brautpaar mit dem Auto nach Hause führen, fünf km von der Kirche entfernt. Um 18.00 bestiegen alle den Datsun, aber das Auto streikte. Ich versuchte alle möglichen Tricks, aber wir brachten es nicht vom Fleck. Man rief jemanden aus der Nachbarschaft, der angeblich helfen könne. Aber auch ihm gelang es nicht, den Wagen fahrtüchtig zu machen. Das Brautpaar hatte eine volle Stunde ausgeharrt, in der Hoffnung, dass die Fahrt doch noch gelänge. Unterdessen war es schon dunkle Nacht, und aus der Hochzeitsfahrt wurde ein Hochzeitsmarsch. Das Auto musste dort stehen gelassen werden. Jener Helfer war Traktorfahrer. Er brachte mich nun mit seinem Fahrzeug zu meiner Schlafstätte nach Kilindoni, wo wir um 22.00 Uhr anlangten.

Ein weiterer Zwischenfall ereignete sich auf der Insel. Als ich abends nach der dritten Eucharistiefeier allein heimwärts fuhr, kam ich zu einem Wasserloch. Eine Umfahrung war unmöglich. Ich legte den Allrad-Spezialgang ein; aber es gab kein Durchkommen. Die Fahrspuren waren zuvor von einem schweren Traktor derart tief ausgefahren worden, dass mein Wagen aufsaß und stecken blieb. Kein Mensch, der mir hätte helfen können, war unterwegs. Ich musste versuchen irgendwo starke Männer zu finden, um das auf der Strassenmitte aufsitzende Auto flott zu machen. Auf keinen Fall durfte ich den Motor abschalten, denn das Abgasrohr war unter Wasser. Zum Glück gelang es mir, vom Auto aus einen Stecken vom Gebüsch auszubrechen. Mit diesem Notwerkzeug konnte ich das Gaspedal in der richtige Stellung festhalten. So tuckerte der Motor weiter und ich machte mich auf die Suche nach starken Helfern. Bei einer Bar in der Nähe fand ich 4 hilfsbereite Burschen, die mit mir zum Auto kamen. Dabei mussten wir lange durch knietiefes Wasser waten. Mit vereinten Kräften brachten wir das Gefährt wieder auf festen Boden.

Verschobenes Fest

Um jene Zeit besuchte mich mein Freund Karl Frick mit seiner Nichte. Es war gerade der Erstkommuniontag von 12 Kindern am Hauptort von Mafia. Am Sonntag, um 11.00 Uhr war der Festgottesdienst angesagt. Um 8.00 Uhr startete der planmäßige Flug. Die Maschine stieg auf, aber nach ein paar Minuten kehrte sie um und setzte zur Landung an. Der Kapitän, meldete, dass er wegen eines verdächtigen Geruches lande und die Sache abklären wolle. Man vermutete, es befinde sich ein lecker Gascontainer im Gepäckraum. Ich selbst habe den Geruch wahrgenommen und dachte, es handle sich um einen lecken Kerosinkanister. Und so war es. Die Sache war klar. Man entfernte den Kanister und wir durften wieder einsteigen. Alle folgten der Einladung; nur Karl und seine Nichte weigerten sich: „In solche Kiste werde ich mein Lebtag nie mehr einsteigen“. Man bot uns einen andern Flug um 10.00 Uhr an. Karl aber traute der Sache nicht und lehnte ab. Ich wollte meine Gäste nicht allein ihrem Schicksal überlassen und blieb auch zurück. Sofort telefonierte ich meinem Katecheten in Mafia, um meine Absenz mitzuteilen und für unser Fest einen andern Termin zu finden. Wir verschoben, das Erstkommunionfest auf den Mittwoch. Am Abend - nach der Arbeit - werde es den Eltern und Kindern am besten passen. Karl und seine Nichte lehnten meine erneute Einladung zum Fest auf der Insel Mafia ab. Als ich glaubte, der Schock und die Flugangst seien überwunden, sagte ich am Dienstag Abend zu meinen Gästen: „Morgen fliegen wir, kommt ihr mit!?“

Zu meiner Freude nahm Karl die Einladung an und sagte: „Ich komme". Die Nichte aber lehnte ab, weil sie sich auf ihr Uniexamen vorbereiten wolle. - Alles klappte wunderbar. Es wurde für beide ein unvergessliches Erlebnis.

Br. Fidelis Versari: Sein Wirken und Sterben

Freilich hatten wir auch Sorgen: Am 7.06.1997 starb der hochverdiente P. Fidelis Versari: Initiator des Zentrums, Erbauer von Primar- und Sekundarschulen, Heime für Alte und Behinderte, Werkstätten für Gesunde und Behinderte. Br. Fidelis war ein spontaner und hilfsbereiter Mitbruder, voll Energie und Humor, und ein großer Beter. Als er im Urlaub von Kardiologen behandelt wurde, schrieb er mir von Italien aus: „Die Ärzte haben über mich das Todesurteil ausgesprochen, aber ich fühle mich stark wie ein Stier, und ich komme wieder!" Ab und zu beteten wir beide – abends im Park spazierend – den Rosenkranz. Einmal sagte er mir nach dem Gebet: „In vier Monaten, am 7. Juni werde ich sterben. Hier vor dieser Antonius-Kirche, unter diesem Baum, möchte ich bestattet werden". Und so ist es dann tatsächlich geschehen.

Am 7. Juni ging er wie gewohnt an seine Arbeit an seiner nahen Schule. Es war der Tag der letzten Bauetappe der technischen Abteilung. Insgesamt wurden dort über 350 Studenten bis zur Matura unterrichtet. Nach getaner Arbeit kam Fidelis zur gemeinsamen Vesper. Beim Nachtessen erzählte er mit Begeisterung, die Betonierung des Bodens im Obergeschoß sei bestens gelungen, aber es sei harte Arbeit gewesen, er sei müde. Nach einer Weile spürte er – wie schon oft - seine Herzschwäche und hat sich sein Medikament unter die Zunge gesprayt. Dann sagte er, es gehe ihm wieder besser, aber er wollte nicht mit den Brüdern zur Montagabend-runde nach San Damiano gehen. So blieb ich bei ihm und begleitete ihn hinüber in seine „Residenz". Dann rief ich seinen Kapuzinerfreund, Br. Constansio Perazzini, herbei. Er nahm zufällig im Zentrum an einem Bildungskurs teil. Er kam als priesterlicher Beistand und spendete ihm das Bußsakrament und die Krankensalbung. Ich habe dem Kardiologen telefoniert, und erhielt die Antwort, wir sollen ihn jetzt ins Spital bringen, wo er ihn am Morgen behandeln wolle; aber Fidelis wollte nicht ins Spital. Er ging zu Bett und wir beteten mit ihm den Rosenkranz. Später kamen die Mitbrüder heim; mit ihnen auch der Provinzial, Br.

Isidor. Er rief nochmals den Arzt an, der uns auftrug, den Patienten unverzüglich ins Spital zu bringen. Er selbst werde ihn dort erwarten und behandeln. Als wir Br. Fidelis ins Auto legen wollten, verschied er in unseren Armen. Es war am Abend des 7. Juni, ein paar Minuten vor Mitternacht. Br. Fidelis hat Wort gehalten!

Sein Sterben war ein eindrückliches Fest. Br. Constansio und ich haben ihn betend begleitet. Fidelis hat mit starker Stimme mitgebetet, und dazwischen wieder gesagt: „In manus tuas, Domine, commendo spiritum meum, Alleluia!" Als wir zu beten aufhörten, hat er gerufen: „Betet weiter, hört nicht auf!" Er nahm wieder den Rosenkranz in die Hand und betete mit rührender Andacht.

Die Abschiedsfeier wurde zu einem wahren Triumph! Im Park, unter freiem Himmel, fand der Gottesdienst statt. Mehrere Bischöfe und über 50 Priester, Mitbrüder, viele Behördenmitglieder, Lehrer, Schüler und ***große Scharen von Gläubigen*** *füllten den Platz. Wie er es gewünscht hatte, wurde er unter dem Baum, vor der Kirche, die früher seine Pfarrkirche war, feierlich beigesetzt. Ein Minister rühmte seinen unermüdlichen Einsatz für die Armen und die Jugend. Er entschuldigte sich am offenen Grab, dass sein Büro ihm nicht großzügiger Bauland für Schulen und Behindertenheime zur Verfügung gestellt hatte.*

Unerfreuliche Erfahrung

Als Direktor des Mbagala Spiritual Centre und als Guardian erlebte ich nebst vielen freudvollen Erfahrungen auch bitterböse Enttäuschungen. Ein nagelneuer Toyota Landcruiser wurde am hellen Tag aus dem Park entwendet. Der Wagen war mit doppeltem Benzintank und speziellem Gepäckträger ausgerüstet. Der Fall war umso trauriger, weil er von einem Mitbruder der Hausgemeinschaft inszeniert und von einem ausgetretenen Kapuziner ausgeführt wurde. Auch die bezahlten Wächter waren involviert. Das Auto war nicht versichert. Also Totalverlust! Wir konnten den Insider-Täter nicht einmal der Polizei übergeben und vor Gericht ziehen. Sonst wäre der Skandal Tage lang in den Medien ausgeschlachtet worden mit Schlagzeilen wie: „Ordensbrüder bestehlen einander!" Wir hätten das Auto ohnehin nicht mehr bekommen! Es sei nämlich schon in der ersten Nacht in den Kongo gebracht worden! Überdies wären wir un-

zählige Male vor Gericht gerufen worden, und hätten am Ende alle Gerichtskosten selbst berappen „dürfen"! Der „fromme" Übeltäter hat dann stillschweigend den Orden verlassen.

Andere Sorgen hatten wir mit kämpferischen Muslimen. Oft mussten wir zu später Abendstunde durch überlaute Lautsprecher verdrehte Bibelzitate, Schmährufe und Drohungen anhören. Hetzreden, wie: „Im Namen Allahs muss dieses Zentrum vernichtet werden".

Zum Glück war unser Areal von Mauern umgeben. Dennoch mussten wir die Gebäude und Parkanlagen Tag und Nacht bewachen, und die Wächter mit Feuerwaffen ausrüsten.

Trauriges Ereignis

Dass zuverlässige Wächter eine wichtige und gefährliche Aufgabe erfüllen, beweist folgende Begebenheit: Eines Nachts, als ein Wächter im Park die Runde machte, ertappte er eine Gruppe junger Männer, mit Stöcken und Buschmessern bewaffnet beim Versuch, eine Türe zu rammen. Sofort stürzten sie sich auf den Wächter. In einem Handgemenge wollten ihm die Banditen das geladene Gewehr entreißen und schlugen ihn nieder. Doch er konnte schreien und seinen Gefährten zu Hilfe rufen. Weil sie den verletzten ersten Wächter weiter brutal misshandelten und auch den zweiten angriffen, musste er seine Feuerwaffe gebrauchen. Er schoss, die Meute stob auseinander. Einer aber blieb tot liegen. Die andern konnten sich über die Mauer retten. Dieser Zwischenfall erwies sich als wirksame Warnung. Denn seither gab es keine solchen Raubzüge mehr im Zentrum. Anfangs hatten wir bestechliche Wächter; sie waren in den oben beschriebenen Autodiebstahl verwickelt. Sie hatten nämlich dem Autodieb bereitwillig das Tor geöffnet. Jene wurden von der Agentur fristlos entlassen und durch zuverlässige Männer des Massai Stammes ersetzt. Sie sind bekannt als mutige, aufmerksame Wächter.

Sorgen und Probleme

Auch plagten uns oft Strom- und Wasserausfälle, bis wir eine eigene Wasserversorgung hatten. Ferner waren verschiedene Neubauten, Umbauten, modernere Ausstattungen nötig: Empfangs- und Bürohaus, Wäscherei und Schneiderei, Tiefbrunnen bohren, unterirdische Tanks zur Aufbewahrung des Regenwassers, Solaranlagen, Generatoren, Vorratsräume, Maschinen und Apparate für Küche und Schreinerei, Klimaanlagen in Gästezimmern und Sälen, etc., mussten angeschafft und eingerichtet werden.

Es gab auch säumige oder zahlungsunfähige Gästegruppen, die Buchungen auf Grund falscher Versprechen erschlichen und am Ende kein Geld hatten. Andere haben frühzeitig Zimmer und Säle gebucht und für eine gewünschte Zeit ohne Vorzahlung reservieren lassen, aber im letzten Augenblick wieder absagt. So konnte es vorkommen, dass wir tagelang keine Gäste hatten, ohne Schadenersatz. Das war nur möglich, wenn die zuständige Person zu naiv und unvorsichtig solche Buchungen angenommen hat.

Ärger gab es auch mit Gästen, die meinten, sie seien bestohlen worden, was sich aber in allen Fällen als Irrtum erwiesen hat. Uns aber wurde damit sehr peinliche Arbeit aufgebürdet. Treueste Mitarbeiter/innen wurden unschuldig verdächtigt und mussten einzeln verhört werden. Das geschah in meiner Zeit dreimal und kostete viele Tränen.

Von da an nahmen wir keine solche Klagen von Gästen mehr an, mit dem Vermerk: „Bitte, bringt eure Wertsachen in unseren Save!"

Diebstahl und Kriminalität in der Großstadt

Für viele junge Leute wird das Leben auf dem Land zur eigentlichen Qual. In abgelegenen und unerschlossenen Gebieten des Landes reicht das Einkommen kaum zum Überleben, vor allem in Landesteilen mit sehr wenig Regen oder an Orten, wo fast nur Hackbau möglich ist. Ich musste auch erleben, dass Leute in fruchtbaren, aber abgelegenen Gegenden trotz fleißiger Arbeit und trotz guter Ernte ein äußerst karges Leben fristeten, weil ihre Produkte keinen Absatz hatten. Niemand will ihren

Mais, ihre Kartoffeln, ihre Bohnen, ihre Früchte... für einen gerechten Preis kaufen und in die entfernten Städte transportieren. Das wenige Geld reicht ihnen nicht für die nötigen Kleider, Spitalaufenthalte, Schulung ihrer Kinder... Darum suchen die Jungen irgendwo einen Ort, wo sie ein besseres Leben erhoffen. Das sind die größeren Städte. Dort erfahren sie meistens Wirklichkeit das Gegenteil: Keine Arbeit, kein Einkommen, von den Verwandten und Freunden gemieden, Hunger...täglicher Kampf ums Überleben. Auf dem Land haben sie fast immer genug zu essen, in der Stadt pures Elend. Folglich verschaffen sich die Lebenshungrigen ihren Unterhalt mit Raub und Diebstahl oder andern rechtswidrigen Machenschaften.

Auf diesem Hintergrund sind die vielen Diebestaten, Einbrüche und Schlägereien zu verstehen. Während meiner 16 Jahre in Dar es Salaam ist mir persönlich sehr wenig gestohlen worden.

Einmal sind mir aus dem geschlossenen Auto die Kleider geklaut worden, während ich Meer draußen schwamm, und das obwohl viele Leute zugegen waren. Ich musste dann nackt (nur in der Badehose) durch die Stadt heimfahren. Ich war froh, dass ich auf dem Weg nicht aussteigen oder eine Panne beheben musste!

Ein andermal wollte ich baden zu einer Zeit, da sich nur wenig Leute am Strand befanden. Ich stellte das Auto bei den öffentlichen Umkleidekabinen ab, also an einem relativ sicheren Platz. Ich war schon in der Badehose, hatte meine Brille im Auto versteckt, meine Kleider und das Badetuch in der Tasche verstaut. Mit der Tasche am Arm wollte ich das Auto abschließen und mich an den Strand begeben. Im selben Augenblick rannten drei Burschen auf mich zu und versuchten mich niederzuringen und mir die Tasche zu entreißen. Es gelang mir zwar einen der Angreifer niederzuboxen, aber die beiden andern schlugen auf mich, schleppten mich durch den Sand. Als sie meiner Henkeltasche habhaft wurden, leerte sie aus und raubten meinen ganzen „Reichtum“. Zum Glück war nicht viel drin. Die wertlose geflochtene Handtasche warfen sie mir vor die Füße. Ich konnte ihnen dann noch meine Hosen abbetteln. Aber zuerst haben die Räuber die Hosensäcke umgekehrt und den Gürtel behalten. Ich war froh sie mir das Auto und den Schlüssel nicht gestohlen haben. Es waren eben nur harmlose, „Anfänger-Raudies“.

Das Parkieren eines Autos war in einer Stadt wie Dar es Salaam immer eine riskante Sache, vor allem nachts oder auf unbewachten Parkplät-

zen. Ab und zu musste man seinen Wagen halt doch auf einem unsicheren Gelände stehen lassen. Eines Tages habe ich unsern Nisan Patrol für kurze Zeit auf einem vermeintlich sichern Platz abgestellt. Nichts ahnend stieg ich nach ein paar Minuten wieder ein. Daheim wurde ich gefragt: „Wo hast Du die Radkappen verloren?" Neue zu kaufen war sehr teuer und nicht leicht zu bewerkstelligen. Da ich vermutete, es könnte eine bekannte Bande von Jugendlichen sein, die in jenem Stadtteil herumstrichen, fuhr ich am folgenden Tag dorthin. Ich traf mit einer Gruppe von muntern, freundlichen Jungen zusammen und fragte sie, ob sie mir nicht für unser Auto Radkappen vermitteln könnten. Da wurde schnell jemand herbeigerufen, der mir solche anbieten konnte. Sie verlangten überraschend wenig und ich bezahlte ihnen gerne noch einen Aufpreis dafür. Sie waren auch so noch viel billiger als eine Neuanschaffung. Ich gönnte den armen Kerlen gerne dieses „Trinkgeld", obwohl ich wusste, dass sie von meinem Nisan gestohlen wurden.

Es kam auch vor, dass „ehrliche" Diebe, die hilflos und hungrig in der Stadt herumlungerten, irgendwo auf dem Markt Brot oder andere Esswaren entwendeten und sich dabei ertappen ließen. So wurden sie von der Polizei in Gewahrsam genommenen und für ein paar Monate eingelocht. Das nahmen sie gerne in Kauf und hatten dafür eine sichere, relativ humane Unterkunft, Kleider und genug zu essen. Einigen gelang es, sich auf dies Weise als Wiederholungstäter durchs Leben zu schummeln. Dieses Strafverfahren war erträglicher als die frühere Prügelstrafe.

Weil Einbruch und Diebstahl beinahe zum Alltag gehört und die Polizei zu wenig effizient ist oder fast machtlos zuschaut, wird nicht selten von den bestohlenen Einwohnern zu brutalen Maßnahmen, zur sogenannten „Selbsthilfe" (Selbstjustiz) gegriffen. Ich erinnere mich an ein grausamen Fall: Jemand hatte über seinem Bett am Fenster ein Hemd aufgehängt. Ein Dieb kam vorbei, sah es und wollte es herunterangeln. Der Mann auf dem Ruhebett hinter dem Fenster packte schnell den Greifarm des Schelmes riss ihn über den hinunter und nagelte ihn am Fensterrahmen fest. Andere ertappte Einbrecher wurden mit Kerosine übergossen und vor aller Augen lebendigen Leibes verbrannt. Das sind Auswüchse der extremen Armut und Not.

Erfahrungen mit Beamten und Behörden

Dank J. Nyereres weiser Verhandlungstaktik wurde Tanganyika nach relativ kurzen Bemühungen im Dezember 1961 ganz ohne Blutvergießen von England in die Unabhängigkeit entlassen. Ich kam gerade in jener ersten Zeit des mutigen Nationalstolzes ins Land. Kolonialistisches Verhalten war verpönt. Jetzt waren die Einheimischen am Zug. Man durfte sich keine abfälligen Aussprüche erlauben. Respekt und Geduld wurden gefordert. Wer dies nicht wahr haben wollte, war unerwünscht im Land. Präsident Nyerere hat aber nie Missionare aus dem Land verwiesen, obwohl das Benehmen einiger „Gastarbeiter“ zu wünschen übrig ließ. Was mir persönlich den Umgang mit afrikanischen Mitmenschen verschiedensten Charakters leichter machte, war die Aussage eines Lehrers in Igota: „Menschen, die zum Streit und Zorn neigen, taugen nicht für Leitungsaufgaben“. Diese Grundregel hat mich durch alle Jahre begleitet und mich vor unnützen Prozessen und Streitigkeiten bewahrt. Ich habe gute Erfahrungen gemacht mit afrikanischen Führungspersonen. Oft musste ich in kirchlichen und staatlichen Büros mit den Behörden in Berührung kommen. Es gab schwierige Jahre mit allerlei Einschränkungen, und Vorschriften. Es brauchte viel Geduld und Ausdauer. Immer aber machte ich die freudige Erfahrung, dass man mit den Verantwortlichen reden konnte und auch gehört wurde. Aber man muss freundlich und respektvoll mit ihnen umgehen. Ich habe grundsätzlich nie geschmiert. Trotzdem habe ich in den meisten Fällen meine Anliegen durchgebracht. Ich habe einfach ruhig meine Bittgesuche erklärt, bin erneut ins Büro gegangen, auch wenn es mehrmals hieß: „Komm morgen wieder!“ Ich machte die Erfahrung, dass die zuständigen Amtsinhaber, offen und hilfsbereit reagierten, wenn man beharrlich und nett mit ihnen redete. Wenn man Ihre Argumente ernst nimmt, werden auch unsere Anliegen willig abgewogen und positiv beantwortet. Zornig auf dem Recht beharren oder auf den Tisch klopfen oder stolze Überlegenheit ausspielen, bewirken Ablehnung und Verachtung. Als Bittsteller darf ich nicht mit Forderungen auftreten. In solcher Haltung bin ich nie schikaniert oder unfreundlich abgewiesen worden. Ich habe viele gute und hilfsbereite Beamte erlebt. So wurde mir Steuerfreiheit gewährt, Einfuhrzölle nachgelassen, Baubewilligungen, Handelsrechte erteilt,... alles Dinge, wofür andere oft nur mit Schmieren durchkamen, oder mit allem anmaßenden Gepolter erfolglos blieben.

Ankunft und Abschied von Mitbrüdern

*Von 1991-99 stand mir **Br. Donat** Müller als Programmdirektor zu Seite. Ab 1999 fiel mir auch diese Aufgabe zu: Jahres-Programme für Exerzitien- und Bildungskurse ausarbeiten und hierfür renommierte Referenten suchen und anheuern. Ferner habe ich zuhanden der nationalen Ordensobern-Konferenz Jahresberichte erstellt, und an deren Jahrestagungen über den Erfolg und die anstehenden Probleme des Zentrums referiert.*

*Durch den Wegzug von Br. Donat entstand eine große Lücke im Zentrum und in der Brüdergemeinschaft. Nach wiederholtem Bittgesuch, wurde **Br. Vincenzo Gherardini** für seelsorgliche Dienste und als Guardian zu uns geschickt. Diese Hilfe war noch dringender, seit Br. Artur mehr als sonst für auswärtige Dienste freigestellt wurde: Er war Landeskommissar der FG in Tanzania; er war auch sehr engagiert in der Schwesternseelsorge, vor allem als Exerzitienleiter. - 2001 starb Br. Vincenzo, 75-jährig. - **Br. Gerold Eugster** wurde nun unserem Kloster zugeteilt. Er war fast erblindet, aber er wirkte noch gerne als eifriger Beichtvater.*

Arbeit und Verantwortung zehrten mehr und mehr an meinen Kräften. Ab 1995 machten sich Herzbeschwerden bemerkbar. Im Urlaub 1999 wurde mir in Olten ein Herz-Schrittmacher eingepflanzt. Aber ab dem Jahr 2000 hatte ich wieder mehr Beschwerden. Darum haben mir die Kardiologen in Dar es Salam dringend angeraten, das tropische Klima zu meiden. Das hiess: Abschied von Tanzania, Rückkehr in die Schweiz!

Neuorientierung

*Im Februar 2003 konnte ich die Leitung des Mbagala Spiritual Centre nach zwölfjähriger Arbeit an **Br. Peter Keller** übergeben. Für die Finanzen und Buchführung wurde ihm Sr. Ruth Gasche beigesellt. Im April wurde ich vom Centre. und vom Kloster **verabschiedet**, mit Bedauern allerseits.*

Nun war es höchste Zeit, einen andern Gang einzuschalten und mich neu zu orientieren. Einerseits freute ich mich auf ruhigere Tage, ande-

rerseits fiel es mir nicht leicht, lieb gewonnene Menschen und Gewohnheiten aufzugeben und mich an andere zu gewöhnen. Gerne übernahm ich Aufgaben als Hilfsseelsorger. Ich musste aber die schmerzliche Erfahrung machen, dass in der Heimatkirche der Glaubensschwund und die Kirchenflucht immer krasser wurde. Solche Tendenzen in der Heimatkirche habe ich schon in den Siebzigerjahren festgestellt. Als ich damals im Urlaub diese unerfreuliche Tatsache zur Sprache brachte, wurde mir meistens geantwortet, der Glaube habe nur andere Formen angenommen. Unterdessen musste ich feststellen, dass sich die Lage noch nicht zum Positiven gewandelt hat. Die Glaubenskrise ist noch intensiver geworden. Junge Priester und Ordenseintritte sind seltener geworden. Vor allem stimmt es mich traurig, dass die jüngeren Generationen sich wenig für Glaubensfragen interessieren. Man hat den Eindruck, dass nur Geld, Erfolg und Genuss erstrebenswert seien. Ich war natürlich an tanzanische Handlungs- und Denkweisen gewöhnt. Dort erlebte ich frohe Glaubensbegeisterung, die sich in lebendigen Gottesdiensten und vollen Kirchen kundtut.

Was mir sehr missfällt, ist die negative und giftige Kritik an unserer Kirche, und wie tendenziös antikirchlich wirkliche oder vermeintliche Skandale ausgeschlachtet werden. Damit will ich nicht sagen, dass hier alles schlimm und hoffnungslos aussieht. Noch weniger wage ich zu behaupten, in der afrikanischen Kirche sei alles Gold, was glänzt. Auch dort gibt es Ermüdungserscheinungen. Dort steht die Bewährungsprobe erst noch bevor. Es wird auch dort Rückschläge geben.

Solche Erfahrungen machen mir den Einstieg in die hiesige Seelsorge nicht leicht, aber ich habe mich allmählich durchgerungen und in diese neue Umwelt eingelebt. Ich bemühe mich um eine positive Einstellung. So freue ich mich mit den eifrigen Christen, die bei der Kirche bleiben und im Glauben stark sind, statt zu jammern über jene, die uns im Stich lassen. Das verlangte von mir einen Schrittwechsel und eine neue Gangart.

Auch, wenn die europäische Kirche in einer ernsthaften Krise steht, und die gegenwärtige Situation uns allen zu schaffen macht, musste ich mich entscheiden und mich - so oder so - der neuen Herausforderung stellen. Mit der Gnade Gottes kann ich auch unter diesen erschwerten Umständen meine restlichen Lebensjahre nützlich verbringen.

Kurze Auszeit

Zuerst hatte ich ein paar Monate Auszeit: In ***Lugano*** *verbrachte ich bei den Tessiner Kapuzinern einige Wochen, und besuchte dort in der Migros Sprachschule einen Italienischen Schnellkurs. Sprachen lernen war immer eines meiner Hobbys gewesen. Dann war ich ein Monat lang als Ferienvertreter von Br. Leopold im Kapuzinerkloster und Marienheiligtum* ***Madonna del Sasso****, Sorengo.*

In der Zeit vom 8. Sept. 2003 bis 1. Sept. 2005 suchte ich mich im Kloster ***Olten*** *nützlich zu machen. Br. Josef Bründler wirkte als Guardian und hatte die Verantwortung für die Seelsorge in der Pfarrei St. Maria. Mir wurden verschiedene kleinere Aufgaben gegeben. Ich war Klosterbibliothekar, Buchhalter, Aushilfspriester und Gehilfe in der Missions-Prokura.*

Zweimal, im August 2003 und im August 2004, verbrachte ich je vier Wochen in Andermatt, um dem Pfarrer, Br. Marcel Camenzind, Ferien zu ermöglichen. Als Köchin waltete jeweils eine meiner Schwestern. Nebenbei durfte ich auch meinem Hobby, dem Sammeln von Heidelbeeren frönen. Offensichtlich habe ich das Beeren-Gen von meiner Mutter geerbt. Sie reiste noch mit 90 Jahren in den Schwarzwald, „in die Beeren“. Nicht zuletzt genoss ich einige große Wanderungen im nahen Gotthard- und Furkagebiet.

Fünf Jahre in Salzburg

2005 wurde ein Mitbruder, als Nachfolger von Br. Paul Mathis, für die Mithilfe im Novitiatskloster ***Salzburg*** *gesucht. Das Los fiel auf mich. Das war für mich eine neue Herausforderung. Ich zog mit Freuden in die vielgerühmte Musik- und Kulturstadt Salzburg. Dort wurde mir die Aufgabe des Bibliothekars und Kloster-Buchhalters anvertraut. Bald machte ich mich mit den ortsüblichen Bräuchen und Gewohnheiten vertraut. Ferner amtete ich zeitweise als „Gastpater“ und Heizer und verrichtete verschiedene andere Dienste: An der Pforte, in der Küche, im Refektorium, in der Sakristei und im Garten. Vor allem freute ich mich an den Seelsorgsaufgaben als Aushilfspriester und Beichtvater. In Salzburg gibt es*

50 Pfarreien. Die Suche nach den Kirchen- und Gottesdienststellen machte mir anfangs große Mühe. Ab und zu machte ich mich am Tag vor der angesagten Messfeier mit dem Autobus oder zu Fuß auf den Weg, um die Zufahrt und das Ziel zu orten. Später stand mir ein Navigator zur Verfügung. Oft und gerne war ich im Kapuzinerinnenkloster Loreto für Eucharistiefeiern und Beichthören engagiert.

Das reichhaltige Kulturangebot von Salzburg war für mich eine weitere Quelle der Freude. Ich habe dort manche Kunstwerke der Bühne und der klassischen Musik genießen dürfen.

Unsere Brüdergemeinschaft erlebte ich als harmonisch und abwechslungsreich. Bei meinem Antritt waren wir 14 Brüder aus 4 Nationen. Dann gab es immer wieder neue Gesichter, vor allem, wenn Brüder ihr Noviziat beendet hatten und anderen Platz machten. Bei Neueintritten hatten wir jeweils interessante Austauschrunden. Zuerst haben wir einander richtig „beschnuppert", dann lernten wir uns von Tag zu Tag besser kennen und bildeten allmählich eine lebendige, familiäre Gemeinschaft, in brüderlicher Offenheit und gegenseitigem Respekt. Wir pflegten auch regen Kontakt mit unsern Klosterfreunden. Das waren vor allem gläubige Gottesdienstbesucher unserer Klosterkirche. Mit ihnen feierten wir unsere Feste und machten jährlich eine große Reise, verbunden mit einer Wallfahrt: Maria Zell, Polen, Danzig, Tschenstochau, Einsiedeln, Assisi, Sachseln, San Giovanni Rotondo… Alles in allem: In Salzburg erlebte ich fünf angenehme, erfahrungsreiche Jahre, mit vielen Höhenpunkten, die ich nicht hätte missen wollen.

Reise nach Porto Allegre

Kurz erwähnen darf ich noch die Teilnehme am Ordenskongress der Kapuziner als Delegierter der Arbeitsgruppe Deutschsprachiger Kapuziner. Um die 80 Vertreter aus allen Kontinenten trafen sich in Porto Allegre in Brasilien. Es war eine arbeitsreiche Werkwoche im April 2006. Unter der Leitung des Ordensgenerals, Br. John Corriveau, beackerten wir das Thema: „Evangelische Brüderlichkeit, ökonomische Gerechtigkeit und Beseitigung der Armut". Es kam zu einem wertvollen Erfahrungsaustausch unter den Vertretern der verschiedenen Regionen der Welt. Wir teilten uns in verschiedene Sprachgruppen auf und sammelten die

Gruppenergebnisse und diskutierten sie nochmals im Plenum. Das Schlussdokument sollte eine verlässliche Vorarbeit und Grundlage für den Plenarrat sein, der daraus ein Richtung weisendes Dokument zum selben Thema erarbeitet hat. Nebenbei machten wir Exkursionen in verschiedene Lebenssituationen: Slums, Drogenentzug, Befreiungskampf der Landlosen, Abfallsammler und Recycler...Ich konnte etwas vom tanzanischen Leben in Not und Armut einbringen. Diese Woche war für mich eine wertvolle Erfahrung und Bereicherung.

<u>Reise nach Tanzania</u>

Im Jahr 2008 hat mir das Kloster zum 75. Geburtstag eine Reise nach Tanzania geschenkt. Das Wiedersehn mit dem Land und vielen lieben Freunden, in Begleitung meines Freundes Karl Frick und meines Patenkindes Hedy Blöchlinger, war für alle drei ein grandioses Erlebnis. Leider hat mir ein Virus in der aufgebrochenen Schrittmacherwunde das Ende meiner Safari arg vermasselt. Beim Batteriewechsel in Salzburg wurde mein Schrittmacher von den Chirurgen nicht tief genug eingesetzt, so dass die Deckhaut allmählich durchgerieben wurde. In Zanzibar ist sie dann durchgebrochen. Aber dort konnte ich keine geeigneten Deckpflaster für die Wundbehandlung finden. Darum entstand eine Infektion, die mich nachher lange plagte. Wir besuchten noch den Sadani Wildpark, südlich von Tanga, aber von Tag zu Tag fühlte ich mich schwächer. Nach dem Rückflug suchte ich in Olten den Tropenarzt auf. Er überwies mich sofort dem Spital in Olten. Man wollte mich sofort operieren und den Schrittmacher versetzen. Aber, da ich nur in Österreich versichert war, haben mich die Ärzte für die Reise nach Salzburg vorbereitet. Ich wurde im Spital der Barmherzigen Brüder angemeldet und dann am 2. Tag behandelt. Sofort wurde der Schrittmacher versetzt, nochmals - wie zuvor - auf der Herzseite, aber die Wunden wollten nicht heilen. Ich wurde von neuen Fieberschüben geplagt. Man entschloss sich zu einer weiteren Versetzung des Aggregates. Diesmal aber auf der andern Seite, was neue Probleme zur Folge hatte. Denn die alten Sonden waren zu kurz. Zudem waren sie ins Herz eingewachsen und konnten nicht entfernt werden. Sie wurden einfach abgeschnitten. Der neue Schrittmacher lag sehr gut am neuen Ort und die Wunde schloss sich problemlos. Hingegen die Fieberschübe, sie kehrten immer wieder! Nach vielen erfolglo-

sen Untersuchungen – man vermutete ein Tropenvirus – musste man den Schluß ziehen, dass der verborgene Virus in den zurück gebliebenen Kanülen der Sonden steckte. Aber in Salzburg war kein Spezialist, der den riskanten Eingriff (Herauslösung der eingewachsenen Kanülen) vornehmen konnte. So wurde ich notfallmäßig in die Uni-Herzklinik nach Innsbruck überführt. Dort wurde entschieden, dass alles, der Schrittmacher, die alten und neuen Sonden, wieder ausgeräumt werden sollen. Das bedingte, dass ich neun Tage ohne Schrittmacher in der Intensivpflege ausharren musste, bis schließlich, nach zweimaliger Verschiebung, das neue Aggregat eingesetzt werden konnte. Diese lange Periode der chirurgischen Eingriffe und Teste haben mich sehr geschwächt. Ein dreiwöchiger Kuraufenthalt in der Reha bei den Baldegger Schwestern in Amden hat mich dann wieder aufgestellt. Anfangs war ich schon nach wenigen Schritten ganz erschöpft. Es gab auch Zwischenfälle. Zweimal hatte ich starke Blutungen. Das erste Mal blutete die Wunde und das erforderte einen neuen Eingriff im Spital. Das zweite Mal konnte man eine Nasenblutung fast nicht stoppen. Dann kam der Frühling in der Natur und in meinem Körperhaushalt. Die Kräfte kehrten zurück. Von Tag konnte ich ausgedehntere Spaziergänge unternehmen. Nach drei Wochen Kur in Amden fuhr ich wieder nach Salzburg, um dort mit neuem Elan meine Arbeit aufzunehmen.

„Wacht"-Ablösung am Kapuzinerberg

Im März wurde uns ein neuer Schweizer, ***Br. Norbert Seibert,*** *zugeteilt. Er übernahm vor allem die Aufgaben in Garten und Umgebung von Br. Kleophas Bernhard, der in seine bayrische Heimat zurückkehrte. Nachdem das Kloster Aschaffenburg (De) aufgehoben worden war, wurde der dortige Obere, Br. Christian Häfele (Priester) frei gesellt und zu uns nach Salzburg versetzt. Nun hat auch für mich wieder die Stunde des Abschiedes geschlagen. Es hat mir Salzburg sehr gut gefallen, aber das viele Trepp-ab und Trepp-auf (300 Stufen!) am Kapuzinerberg war für mich allmählich zu mühsam geworden. Darum begrüßte ich den Wechsel in die Schweiz zurück.*

Neues Umfeld

Am 8. September 2010 „zügelte“ ich mit Sack und Pack mit dem Rail Jet in die Schweiz. Im Kloster Wil wurde ich noch am gleichen Abend herzlich willkommen geheißen. Auch hier waren wieder verschiedene neue Hürden zu überwinden. Die Ostschweiz war für mich Neuland. Bis jetzt war ich noch nie in einem Kloster der Ostschweiz im Einsatz gewesen. Darum waren alle Pfarreien und Gottesdienstorte dieser Gegend für mich neu. Fast 78-jährig, fielen mir die vielen neuen Dinge nicht leicht. Überall musste ich die katholischen Kirchen zuerst suchen, wenn ich zur Aushilfe geschickt wurde. Da wäre ich sehr froh gewesen um einen Navigator. Den großen Nutzen eines solchen Instrumentes habe ich in Salzburg schätzen gelernt. Den richtigen Weg zu den vielen Kirchen jeder Ortschaft zu finden, ist für Neulinge nicht leicht. Darum hatte ich anfangs Mühe, die Gottesdienst-Stellen zu finden, besonders bei Nacht und Nebel, oder wenn die katholische Kirche nicht von weitem sichtbar war. Neue hauseigene Bräuche, andere Zeitabläufe, andere Einrichtungen, wie Schaltvorrichtungen, Telefon, Kaffeemaschine, neue Gesichter, Bräuche, Zeremonien…, machten mir zu schaffen. Im Alter tut man sich nicht mehr so leicht, Neues zu entdecken und neue Gewohnheiten einzuüben. So gab es mehr Momente, Dinge zu vergessen oder falsch anzupacken und folglich auch mehr „Gelegenheiten“ beschämt und gedemütigt zu werden. Das kann eine gute Einübung der Demut sein, könnte aber auch in Griesgram umschlagen. Mit Hilfe und Rücksicht der Brüder fand ich mich bald zurecht.

So weit meine Kräfte noch ausreichen, bin ich gerne bereit, als Aushilfsseelsorger und als Helfer in verschiedenen häuslichen Bereichen zu dienen. Die vielen Pfarreien (in 3 Bistümern), zu denen ich geschickt werde, machen mir Freude. Freilich würde ich lieber in vollen Kirchen, statt vor leeren Bänken predigen. Die geringe Zahl der Gottesdienst-Besucher in unseren Kirchen ist für mich die traurigste Erfahrung nach der Rückkehr von Tanzania. Not lehrt beten gilt auch heute noch!

Unterdessen sind schon ein paar Jahre vorbei, seit ich hier in Wil mein Zelt aufgeschlagen habe. An den über 80 Gottesdienststellen, zu denen ich bis jetzt geschickt wurde, habe ich schon viel Freude erlebt. Ich freue mich mit den Wenigen, die mit uns beten und feiern und mutig ihren Glauben leben, und bete für die Vielen, die nicht mehr mit uns gehen.

Ich habe inzwischen mein goldenes Priesterjubiläum und meinen 80. Geburtstag mit meinen Mitbrüdern und Geschwistern feiern dürfen.

Kommen und gehen

Seit ich hier im Kloster Wil bin, haben wir schon 9 Brüder auf unserem Friedhof beigesetzt. Als letzter ist + Br. Gedeon Hauser am 14.10.15 nach langen schmerzhaften Altersbeschweren 91-jährig von uns ***gegangen****. Neulich wurden wir mit einem „Jungen" Mutbruder, mit Br. Benno Zünd (51-jährig) beschenkt. Er wirkt nun für 3 Jahre als Vikar in der Pfarrei Wil. Es ist immer noch ein Kommen und Gehen!* ***Gekommen:*** *Sind die Brüder Ferdinand und Karl von Appenzell, Br. + Friedrich Frey und Br. Franz Sales Bucher von Luzern, Br. John Gualbert Menezes von Brig, die Brüder Urs Lehmann und Richard Muoser von Mels. Im Januar 2016 durften wir einen weiteren Mitbruder, Paul Krummenacher (*1935) in unserer Klosterfamilie begrüßen. Er stand viele Jahre in Olten und Lu-zern im Pfortendienst. Nun darf hier etwas kürzer treten und in Ruhe sei-ne alten Tage verbringen. Bald wird Br. Paul Mathis von Wil Abschied nehmen, um in Luzern, im Kloster Wesemlin, eine neue Aufgabe zu übernehmen. Dafür werden 3 Brüder, nämlich Josef Hangartner, Eckehard Strobl und Adjut Mathis zu uns stoßen.*

Zahlenmäßig sind wir zur Zeit (März 2017) mit 21 Brüdern das „größte" Schweizer-Kapuzinerkloster. - Trotz „Verjüngung" liegt der Altersdurchschnitt bei ca. 82 Jahren, wobei ich selber im 84. Altersjahr als „mittelalterlich" gelte.

Mit einem jungen Mann haben wir den Versuch gewagt, ihm nach verschiedenen mühsamen Drogen-Entzugsperioden etwas Heimat zu schenken, für ein Jahr. Wir hofften, dass er es schaffen wird!?! – Leider hatte er wieder Rückfälle. Wir hoffen immer noch, dass er zur Normalität zurück findet. Er verbringt ein paar Monate in der psychiatrischen Klinik hier in Wil.

Br. Hesso (1931) – zum Kloster Wil gehörig – gibt altershalber seine Aufgaben als Pfarrer von Walzenhausen und Spiritual der Kapuzinerinnen von Grimmenstein und Altstätten auf. Er wird bei den Kapuzinern in Rapperswil seinen Lebensabend verbringen.*

Umbruch

Leider dürfen wir nicht mehr mit einer Verjüngung unserer Klosterfamilie rechnen. Schon seit Jahrzehnten haben wir sehr wenig Interessenten, die bei uns eintreten. Die Wenigen, die kommen, haben große Mühe, sich in einer überalterten Gemeinschaft wohl zu fühlen. Sie wollen und sollen nicht als „Totengräber" ihr Leben fristen. Darum sind personelle Veränderungen unter uns Mitbrüdern seltener geworden. Denn, wenn sie hierher versetzt werden, fehlen sie anderswo. Unsere Klosterfamilie wird – trotz jetziger Höchstzahl - bald wieder kleiner. Ab und zu klopft Bruder Tod an unsere Pforte. Andere werden gebrechlich und hilfsbedürftig und erhalten bestmögliche Pflege in unserem Alterskloster Schwyz, wo sie von qualifiziertem Personal betreut werden. Das zunehmende Alter der Brüder verlangt von allen entsprechende Anpassungen, vor allem seit Angestellte verschiedene Hausarbeiten übernehmen. Hier in Wil haben wir in den letzten Jahren für Küche, Wäsche und Hauspflege drei tüchtige Frauen engagiert. Kleinere Kirchen- und Hausdienste werden wie immer unter uns aufgeteilt, so weit die Kräfte der einzelnen Brüder noch ausreichen. Kein Bruder muss sich überfordert fühlen. Denn er wird von Zeit zu Zeit ausdrücklich gefragt, ob er diese oder jene Aufgabe noch weiter leisten kann oder sie lieber abgeben möchte. Neulich haben wir ein Ehepaar vertraglich in Dienst genommen. Sie übernehmen die Hauswartaufgaben (Garten, Umschwung, Heizung, Schmuck und Reinigung der Kirche…). Später werden wir ihnen noch weitere Aufgaben übergeben. Für organisatorische Leitungsaufgaben (Buchhaltung, Arbeits-Zuteilung, Wochen- und Monatspläne...) haben wir neulich eine Frau als „Kuratorin" angestellt. Mit solchen Schritten werden der Hausobere und sein Vikar von gewissen Arbeiten entlastet und gewinnen damit mehr Spielraum für seelsorgliche und geistliche Aufgaben. So bleibt unsere Klosterfamilie noch einige Zeit eine lebensfähige Gemeinschaft. Solche Neuorientierungen verlangen von jedem Mitbruder viel Geduld und Verständnis und können nur mit großer Vorsicht in kleinen Schritten vollzogen werden. Gott sei Dank geschieht dies mit viel Liebe und Rücksicht von Seiten der verantwortlichen Brüder. Nur so kann ein hohes Niveau von Harmonie und Zufriedenheit erreicht werden. Erstaunlicherweise sind die meisten Brüder gerne bereit, weit über das Pensionsalter hinaus, ihre schwindenden Kräfte für das Wohl der Mitmenschen einzu-

setzen: Durch Aushilfen als Seelsorger in den Pfarreien oder für interne Dienste in Kirche, Haus und Garten.

Jeder Bruder darf seine Jahresferien in rücksichtsvoller Abstimmung mit der Klostergemeinschaft den persönlichen Bedürfnissen und Wünschen entsprechend planen und genießen. Wenn genügend Freiraum in einem Kloster vorhanden ist, können auch Brüder und auswärtige Freunde bei uns Erholung suchen. Im August 2015 durfte ich meinen geistlichen Sohn Markus Mjokonti, der in Rom seine Studien erfolgreich abgeschlossen hatte, bei uns begrüßen. Leider waren unsere Zimmer belegt und ich selber hatte meine Ferien schon fixiert. Darum habe ich für ihn anderswo gute Aufnahme und Gastfreundschaft gefunden.

Rückblick

Hie und da werde ich gefragt, ob ich mit meinem Leben zufrieden sei, ob es meinen Erwartungen entsprechend verlaufen sei und ob ich nochmals den gleichen Weg gehen möchte. Ich darf sagen, dass ich Gott und allen, die mir diesen Weg geöffnet und ermöglicht haben, dankbar bin. Ich bin glücklich, dass ich als Kapuziner und Priester diesen Weg gehen durfte. Wie gut mein Lebensweg gelungen ist, kann ich nicht beurteilen. Das wahre Urteil hierüber steht allein Gott zu. Ob ich manches anders anpacken würde oder anders hätte gestalten sollen, weiß ich selber nicht. Ich habe vieles falsch gemacht und würde solche Fehler zu vermeiden suchen. Ob ich den Umständen entsprechend hätte anders handeln sollen oder es hätte besser tun können, weiß ich auch nicht. Sicher ist vieles wegen meiner beschränkten Begabungen mangelhaft geblieben. Ich bin mir meiner Begrenzung bewusst.

Ich habe oben mein Leitwort erwähnt, das mir mein Beichtvater ins Leben gegeben hat,: „Br. Manfred, es geht dir gut, wenn es dir nicht gut geht“. Nach mehr als 60 Jahren kapuzinischer Lebenserfahrung darf ich heute sagen: Es geht und ging mir tatsächlich immer gut, auch wenn ich viele tückische und schwierige Wegstrecken durchwandern musste. Solche scheinbar negative Erfahrungen, wie Krankheiten, Widerstände, Bosheiten, Ungereimtheiten... haben sich im Nachhinein als heilsam erwiesen. Der Mensch ist keine Eintagsfliege, die nur für heute lebt. Was immer auf uns zukommt hat seinen Einfluss auf unsere ganze Lebens-

entfaltung, ja weit über unser kurzes vergängliches Dasein hinaus. Jahrzehntelanges Nachdenken über dieses Wort hat in mir Ruhe und Sicherheit bewirkt. Darum geht es mir gut, und ich wünschte, dass es allen so gut ginge. Wenn noch ein letzter Rest von Betrübnis da ist, wenn es mir ganz miserabel geht, dann will ich den letzten Grund meiner Zufriedenheit nennen. Dann vergleiche ich mich mit Christus, der mir diese Freude schenkt durch sein Leiden, das IHN und mich in seine grenzenlose Herrlichkeit führt. Mag sein, dass der Leser kühl sagt: „Das ist alles Illusion und Einbildung!" Für mich ist es unumstößliche Sicherheit. Ich wünschte, dass alle von der Illusion zur Wahrheit gelangen.

Ein zweites könnte einem zur erwähnten Zufriedenheit führen: Das Wort eines weisen Mitbruders, der mir vor mehr als 50 Jahren bei einer Auseinandersetzung zuflüsterte: „Manfred, man macht`s verschieden!" Das hat mir sehr geholfen, die mir übertragenen Aufgaben und Verantwortungen anzunehmen und etwas Gutes daraus zu machen. Ich weiß auch, dass weder Gott noch vernünftige Mitmenschen von mir Unmögliches erwarten. In diesem Bewusstsein konnte ich ruhig arbeiten und zu mir sagen: Manfred, du musst nicht Anton oder August oder Willy sein, bleib Manfred und verantworte dich als Manfred, nicht als jemand, der du nicht bist! Du musst mit deinen ***eigenen*** *Begabungen und mit deinen Unfähigkeiten durchs Leben gehen, nicht mit jenen von Aldo, Jakob...!*

Das ist das Geheimnis meiner Freude und meiner Zufriedenheit. So gesehen, geht es mir tatsächlich immer gut. Darum will ich andere, die es besser machen, nicht beneiden und andere, die es schlechter (?) oder anders anpacken, nicht verurteilen..., nicht verachten. „Man macht`s verschieden" ist ein sehr versöhnliches Wort und verhindert viel Streit und Eifersucht. Die Frage, ob ich nochmals von vorne anfangen möchte, würde ich doch verneinen, obwohl ich viel Freude erleben durfte. Denn wenn Gott mich für reif befindet und er mich in seiner Barmherzigkeit zu sich ruft, möchte ich doch nur einmal auf dieser Welt gelebt haben, und nur so lange, bis er sagt: „Es ist genug!"

Ferienintermezzo

Sommerurlaub im Kapuzinerkloster Feldkirch

Am 12. August 1915 brachte ich eine Ladung Heidelbeeren nach Wil in unser Kloster. Am frühen Morgen (13.8.15) reiste ich mit dem Zug via Wattwil nach Uznach, um dort meinen geistlichen Sohn Markus Mjokonti, Diözesanpriester von Mahenge, Tz Morogoro abzuholen. Vom Bahnhof Uznach gelangte ich zu Fuß zur Benediktiner Abtei St. Othmarsberg. Schon um halb 9 Uhr zogen wir via Pfäffikon – Thalwil – Zug nach Luzern. Es war gegen 11 Uhr, als wir in Baldegg eintrafen. Dort wurden wir von den Missionsschwestern im Ruhestand: Sr. Laurentia, Erika, Klementina und Maria-Paula erwartet. Zusammen mit ihnen und den Kapuzinermitbrüdern Gregory, Wilhelm und Bernardin waren wir beim Mittagsmahl. Mit den Schwestern konnten wir alte gemeinsame Erfahrungen austauschen.

Am Nachmittag machten wir im Kloster Wesemlin (Luzern) einen Besuch. Br. Marc Zemp hat uns freundlich aufgenommen und bedient. Leider war Br. Agostino, Provinzial, den wir sehen wollten, abwesend (Ferien). Dafür reichte es noch für einen Besuch bei meinem Bruder Sepp (91-jährig) im Pflegeheim Wesemlin.

Dann nahmen wir uns ein Stündchen Zeit für einen Rundgang in der Luzerner Altstadt, Petruskirche, Kappelbrücke, Jesuitenkirche, Franziskanerkirche, Bahnhof. Darum reichte die Zeit nicht mehr für einen Imbiss, nicht einmal für einen Trunk.

Wieder führte uns der Weg via Zug – Thalwil nach Pfäffikon. Ins angeregte Gespräch vertieft, haben wir beinahe vergessen, umzusteigen. Mit knapper Not konnte ich den anfahrenden Zug durch Druck auf den Türknopf noch stoppen und einsteigen. In Uznach haben wir den Anschluss (per Bus) nach St. Othmarsberg verpasst. Nun habe ich meinen Gast dem Lenker des nächsten Post-Bus überlassen und gebeten, ihn bei der Benediktinerabtei aussteigen zu lassen. Ich selber konnte nicht mehr mitfahren, sonst hätte ich (in Buchs) den Zug nach Feldkirch via St. Gallen verpasst. Ich stieg in den Voralpenexpress, ohne etwas von der Baustelle vor Herisau zu wissen. Bei Brunnadern wurde ich von der Ansage überrascht: „Alle aussteigen, es geht mit Bussen weiter“! Nach einiger Zeit fuhren wir los via Mogelsberg zum Bahnhof Degersheim. Dort konnte ich, nach 20-minütiger Wartezeit, mit der S-Bahn über Herisau nach St. Gallen fahren. Sie fuhr weiter über Rorschach nach Buchs und Sargans. Aber, oh weh! Bei jeder Station stopp! Schließlich erreichte ich

Buchs, wo ich schon bald in den Railjet steigen konnte. Um 20.35 h stand ich vor der Klosterpforte in Feldkirch. Ich wollte – wie gewohnt – den Schlüssel zur Hand nehmen, fand ihn aber weder in einer Tasche noch im Rucksack! Nicht halb so schlimm! Dachte ich. Es ist ja noch nicht spät in der Nacht. Da wird mir sicher noch geöffnet. Aber, als ich läutete und wieder läutete und es noch ein drittes und viertes Mal versuchte, kam niemand! Da nahm ich mein Handy zu Hilfe, um den Pförtner zu rufen, stellte aber fest, dass es nicht mehr reagierte,...kein Strom mehr! Was soll ich machen? Auf der andern Straßenseite steht das Hotel Bären. Vielleicht können sie mir dort helfen? Ich habe dort ein Bier bestellt und von meiner Notlage berichtet. Die Wirtin ließ mich dann mein Handy etwas aufladen. Kurz vor 21:00 Uhr habe ich das Kap.-Kloster angerufen, aber ...nur großes Schweigen! – Alles schläft... niemand wacht! Die Wirtin kannte die Nummer eines Klosterfreundes. Auch dort kam keine Antwort! Sie versuchte den Kloster Coiffeur anzurufen – aber wiederum keine Antwort!

Was konnte ich Tun? – Am besten gleich im Hotel ein Zimmer beziehen? Mein Geld hätte gerade noch für eine Nacht gereicht, ... aber alles ist ausgebucht! Kein freies Bett mehr! Soll ich ein anderes Hotel suchen? Aussichtslos in später Nachtstunde! Vielleicht könnte ich im Bahnhof oder in einer geschützten Nische in der Altstadt ein Plätzchen suchen? Vielleicht ist die Türe zum Kinderspielgarten hinter der Klostermauer offen? So schlich ich um die Mauer, und fand tatsächlich eine offene Türe. Im Spielgarten gab es ein offenes Kinderhäuschen, fast so lange wie ich. Mit eingezogenen Beinen und dem Rucksack als Kopfkissen versuchte ich zu schlafen. Nach ein paar Minuten stürmten 4 junge Männer in den Garten. Mit einer Handlampe leuchten sie alles ab, natürlich auch mich in meiner „Suite“! Was führten sie im Schild? Angst und Schrecken! „Nein, dir geschieht nichts! Wir suchen nur einen Schlüssel“. „Ich auch“, sagte ich. Wir alle lachten über unser gemeinsames Schicksal. Nach kurzem, nervösen Hin-und-Her zogen sie wieder ab. Wie geht es weiter? Solche Störmanöver können sich ja jederzeit wiederholen, vor allem in einer Nacht zum Sonntag. So konnte ich nicht ans Schlafen denken! Ich stieg aus meiner „Hochburg“ hinunter, um nach einer Alternative zu suchen. Wenn ich nur in den Klostergarten gelangen könnte! Dort gibt es vor der Küche eine gedeckte Nische mit einer Bank. Aber wie soll ich dorthin kommen? Die Mauer ist zu hoch und auch der Bretterzaun misst mehr als 2 Meter! Dann kam eine rettende Idee: Wenn ich die Türklinke als Steigbügel den Mauerrand erreiche, könnte mir der Einstieg gelingen! Aber wie soll ich den Rucksack hinüberhieven? Zum Glück habe ich immer eine Schnur im Sack. Ich erreichte den Mauerkranz; mit der Schnur zog ich den Rucksack hinauf und ließ ihn sorgfältig in den Klostergarten hinunter. Dann landete ich - wieder mit Hilfe der Türfalle - sachte auf sicherem Boden.

Wie und wo kann ich eine „Ruhestatt“ finden? Mein Zimmerfenster wäre halb offen, aber noch „räuberischer“ und riskanter als zuvor wagte ich nicht, die Hauswand empor zu klettern. Ich wollte keinen Polizeialarm auslösen! Aber, es gab noch einen Gerateschuppen, nur war er meistens geschlossen. Ich wollte es trotzdem versuchen! Oh Wunder! Welcher Zufall! Heute Nacht war er offen! Ich trat ein und fand den Lichtschalter. Der Betonboden war nicht sehr sauber, aber ich entdeckte im Kreuz-und-Quer des Gehäuses eine Plastikfolie, die ich auslegte. Auf einem Tischchen sah ich zwei Sitzposter für Liegestühle. Der Rucksack musste mir als Kopfkissen dienen. So „genoss“ ich für ein paar Stunden einen relativ gesunden Schlaf. Aber es gibt keine Toilette! Für alle Fälle – bei „Hochdruck“ - hätte ich noch eine leere Cocaflasche im Sack.

In der Morgenfrühe tastete ich nach meiner Brille. Schließlich fiel mir ein, dass ich sie in jenem Kinderhäuschen, wo ich anfänglich zu nächtigen versuchte, auf der Bank liegen gelassen habe. Meine Güte! Ein neues Hindernis! Vielleicht liegt sie noch dort? Vielleicht haben jene „Nachtbuben“ oder andere Zaungäste sie mitlaufen lassen? Und die Mauer! Soll ich es nochmals wagen? Ich muss es wagen, noch vor dem Morgengrauen! Mit gleichem Trick (via Türklinke!) in den Spielgarten! Gott sei Dank! fand ich die Brille genau dort, wo ich sie hingelegt hatte! Nun wieder zurück – auf gleichem Weg! – in den Klostergarten!

Aber, was nun? Ich wollte natürlich <inkognito> ins normale Leben zurück. Es ist Sonntagmorgen! Um 6:15 beginnt die Messe in der Klosterkirche. Aber wie komme ich in die Kirche? Ich suchte mich, so gut wie möglich flott zu machen, legte meinen Rucksack im Wintergarten vor der Küche unter die Bank, schlich ans andere Gartenende, wo es eine Gartentüre für Pilgergäste gab. Tatsächlich war sie schon offen. Denn Br. Pförtner hatte sie wie gewohnt um 6:00 Uhr geöffnet. So konnte ich ungesehen durch die Klosterpforte hinaus marschieren und der hl. Messe beiwohnen.

Nach der Eucharistiefeier ging ich auf gewohntem Weg durch den inneren Chor in die Küche hinüber, holte dort vor der Türe meinen Sack und brachte ihn in mein Zimmer hinauf. Zum Glück hatte ich mein Zimmer nicht geschlossen. Damit war meine Odyssee fast vorbei! – Aber nein! Wo ist denn mein Hausschlüssel geblieben? Ich hatte ihn doch immer bei mir. Habe ich ihn verloren oder irgendwo vergessen? Ja, ich muss ihn im Kloster Wil, wo ich vorige Nacht geschlafen habe, liegen gelassen haben. Jetzt fällt mir ein, dass ich ihn abends im Zimmer auf meinen Rucksack gelegt habe, um ihn am Morgen ja nicht zu vergessen. Nun scheint er aber nachts auf dem Lehnstuhl hinter das Kissen gerutscht zu sein. So habe ich ihn prompt vergessen. Nun, wie kann ich wieder zu diesem vergessenen Schlüssel kommen, ohne mich zu verraten? Von den Feldkircher Mitbrüdern hatte bisher noch keiner die geringste Ahnung, was sich alles zugetragen hatte. Ich schämte mich wegen der ganzen Geschichte und wollte auch mein Gastkloster nicht beschämen, weil mir niemand geöffnet hatte. Die Brüder waren ohne Schuld. Sie hatte mir den Klosterschlüssel gegeben und ich konnte jederzeit ein- und ausgehen.

Aber der Schlüssel ist jetzt in Wil und ich möchte die ganze Affäre für mich behalten. So machte ich mich am frühen Montagmorgen auf den Weg. Ich verband die Schweizerreise mit einer Buß-Wallfahrt, diesmal nicht nach Einsiedeln, sondern nach **Heiligkreuz** *St. Gallen. Ich betete dort einen Rosenkranz und den Kreuzweg, fuhr dann mit dem Zug nach Wil, holte in meinem Zimmer den vergessenen Schlüssel, - er lag, wie vermutet, auf dem Stuhl - während alle im Kloster das Mittagsmahl einnahmen. Am frühen Nachmittag war meine Wallfahrt zu Ende. Niemand hat etwas gemerkt, weder hier noch dort. Ob die Brüder von Feldkirch irgendwann auf meine „Schliche" kommen werden, steht in den Sternen.*

Das Leben geht weiter

Der Alltag nimmt seinen gewohnten Lauf. Die Ferienzeit erlaubt den noch „beweglichen" und Reiselustigen Brüdern erholsame Wochen Auszeit. Wie vorige Jahre habe ich wieder in Feldkirch angenehme Tage verbracht und mich nochmals im Montafon in die Heidelbeeren gewagt.

Unser Altersdurchschnitt nimmt stetig zu. Unser Wirken nach außen wird von Jahr zu Jahr geringer. Auch mir geht es wie den andern Brüdern: Die Kräfte nehmen ab und die Beschwerden nehmen zu. Mir persönlich scheint dies nicht dramatisch. Denn je enger der zeitlich Weg, um so weiter öffnet sich das Tor des Lebens. Um unser Alter möglichst ruhig und angenehm zu verbringen, brauchen wir, wie oben erwähnt, für interne und externe Arbeiten und Dienste vermehrte Hilfe von Mitarbeiter/innen. Schon längere Zeit werden die Gesundheits-, Haushalts- und Ordnungsdienste von tüchtigen und umsichtigen Frauen geleistet.

<u>Ausblick</u>

Was uns die kommenden Jahre bringen werden liegt in Gottes Hand. Die Kräfte nehmen ab. Das Gehen, Denken und Handeln wird mühsamer. Um nochmals auf das oben erwähnte Symbol der Kerze hinzuweisen: Wenn ich täglich Kerzen brennen sehe, weiß ich, dass eine Kerze nur Licht spenden kann, solange sie brennt. Sie brennt nur solange, wie noch Wachs vorhanden ist. Meine Lebenskerze brennt noch, bald wird sie nur noch flackern, und wie lange noch!? Aber das stimmt mich nicht traurig. Wir alle leben ja auf den Tod hin, der das neue Leben einleitet.

Printed by Books on Demand GmbH, Norderstedt / Germany